Chinesisch in 24 Stunden

China heute-Verlag
1996

Erste Auflage 1991
Erster Nachdruck 1996

Verantwortlicher Redakteur: Zhang Shuxian und Han Fengze
Layout: Lu Ping

Chinesisch in 24 **Stunden**
Herausgeber: China heute-Verlag

Baiwanzhuang-Str. 24, 100037 Beijing, VR China
Druck: Fremdsprachen-Druckerei Beijing
Vertrieb: Chinesische Internationale
Buchhandelsgesellschaft
West-Chegongzhuang-Str. 35, Postfach 399, 100044 Beijing, VR China
17 – G – 1844P
ISBN 7 – 5072 – 0261 – 5/G·29
01400

Druck und Verlag in der Volksrepublik China

INHALT

Vorwort

Ich auch wollen lernen Chinesisch, du können helfen ich? Zugegeben, die Wort-für-Wort-Übersetzung aus dem Chinesischen klingt mit ihren falschen deutschen Satzgebilden merkwürdig. Doch hat sich diese Methode, die wir in unserer Zeitschrift „China heute“ (vormals „China im Aufbau“) seit der Gründung der deutschen Ausgabe im Jahre 1978 konsequent beibehielten, außerordentlich bewährt. Wir wissen das von vielen Abonnenten, denen unser Sprachkurs den Zugang zum Chinesischen leichter machte als manch anderes Lehrbuch. Und wir wissen es von vielen Benutzern des 1985 in unserem Verlag erschienenen Lehrbuchs „Chinesisch in 24 Stunden“.

„Unser Lehrbuch“, so formulierten wir im Vorwort der 1985er Ausgabe unsere Hoffnung, „sollte damit eigentlich eine interessante Bereicherung der auf dem deutschen Buchmarkt vorhandenen Chinesischlehrbücher darstellen.“ Heute können wir sagen, daß sich diese Erwartung erfüllt hat. Immer wieder haben uns nicht nur Chinesisch-Anfänger und -Fortgeschrittene, sondern auch Lehrer zum Konzept dieses Sprachkurses beglückwünscht.

Das ermutigte uns, einen Band mit 24 weiteren Lektionen aufzulegen.

Über die „direkte" Übersetzung hinaus enthalten die Lektionen selbstverständlich die korrekte Übersetzung, damit der Text auch wirklich ganz verstanden wird. Und da einige der auftauchenden Wörter und Wendungen für den Anfänger nicht leicht in ihrem Gebrauch und ihrer Bedeutung zu erfassen sind, finden sich in jeder Lektion eine Liste solcher Vokabeln und festen Begriffe sowie Anmerkungen mit ausführlichen Verwendungsbeispielen und Bedeutungsnuancen. Schließlich kann der Lernende mittels kurzer Übungstexte nachprüfen, ob er alles verstanden hat.

Im Anschluß an die 24 Lektionen finden Sie in einem Anhang mehrere Lesetexte, die der Vertiefung des Gelernten dienen können, sowie ein alphabetisches Verzeichnis der in dem Buch vorkommenden Wörter.

Als Umschrift wird die standardisierte Hanyu-Pinyin-Transkription benutzt. Die chinesischen Schriftzeichen werden in der vereinfachten Version nach dem Stand der letzten Schriftreform verwendet.

Chinesische Aussprache und Schrift

Die chinesische Schrift besteht aus Begriffszeichen, die keine Aussage über die Aussprache machen. Sie lassen sich erst korrekt aussprechen, wenn deren lateinische Umschrift mit einer phonetischen Notation versehen ist. Z. B. : 施密特先生一家来中国工作、旅游，他们喜欢北京。(Die Schmidts kommen nach China, um zu arbeiten und zu reisen. Sie lieben Beijing.) Dieser Satz soll mit der lateinischen Umschrift so lauten: "**Shīmìtè xiānsheng yì jiā lái Zhōngguó gōngzuò, lǚyóu, tāmen xǐhuān Běijīng.**"

So sehen Sie, daß das phonetische Alphabet ein Mittel ist, um Chinesisch zu lernen. Es gibt im Chinesischen insgesamt 26 phonetische Laute, darunter sechs Vokale, alle übrigen sind Konsonanten. Jedes chinesische Schriftzeichen entspricht einer Silbe, und jede Silbe besteht aus einem Anlautkonsonanten und einem darauffolgenden Stammlautvokal, mit oder ohne Nasallaut. Z. B. : 北京 Beijing. „B“ und „j“ sind Anlautkonsonanten, „ei“ und „ing“ sind Stammlautvokale.

Eine Silbe braucht nicht unbedingt einen Anlautkonsonanten zu haben, aber der Stammlautvokal darf nicht fehlen. Eine Silbe ohne Anlautkonsonant heißt Null-Anlautkonsonantensilbe.

Im Chinesischen gibt es 23 Anlautkonsonanten und 36 Stammlautvokale. Im untenstehenden Ausspracheführer des chinesischen phonetischen Alphabets dienen das internationale phonetische Alphabet und ähnliche deutsche Laute zur Andeutung der Aussprache.

(1) **Die Anlautkonsonanten**

C.P.A.[1]	**I.P.A.**[2]	**Ähnliche deutsche Laute**
b	(o) b̥	**B**ad
p	(o) p‘	**P**appel
m	(o) m	**M**eile
f	(o) f	**F**ahrt
d	(e) d̥	**D**ach
t	(e) t‘	**T**ag
n	(e) n	**N**ame
l	(e) l	**l**allen
g	(e) g̊	Regen
k	(e) k‘	**K**unst
h	(e) x	**h**alten
j	(i) tɕ	**J**eep
q	(i) tɕ‘	**ch**eer (englisch)
zh	(i) tʂ	**Dsch**ungel
ch	(i) tʂ‘	deu**tsch**
sh	(i) ʂ	**Sch**wert

r	(i) ʐ	ein Laut zwischen **r** und dem **j** von Journalist; die Zunge krümmt sich nach oben, ohne den Gaumen zu berühren
z	(i) ts	Lan**ds**mann
c	(i) ts‘	ste**ts**
s	(i) s	Ki**s**te
y	(i) i	**i**ch
w	(u) w	**W**rack

(2) Die Stammlautvokale

C.P.A.	I.P.A.	Ähnliche deutsche Laute
a	a	V**a**ter
o	ɔ	F**o**to
e	ɤ	Rud**e**r
i	i	**i**hr
u	u	H**u**t
ü	y	f**ü**hlen
er	ər	Fieb**er**
ai	ai	K**ai**ser
ei	ei	**E**he
ao	au	R**au**m
ou	ou	Man spitzt den Mund zum **o**, geht dann sofort zum **u** über.
an	an	K**an**ne

en	ən	Namen
ang	aŋ	Gang
eng	ʌŋ	Die Silbe wird nasal gesprochen.
ong	uŋ	Lunge
ia	ia	asiatisch
ie	iɛ	jetzt
iao	iau	Jauche
iu	iou	Juli
ian	iɛn	Jänner
in	in	in
iang	iaŋ	Yangtse-Fluß
ing	iŋ	Finger (Die Stimmbänder vibrieren nicht beim g)
iong	yŋ	jung
ua *	ua	Wahrheit
uo *	uɔ	u + o Wonne
uai *	uai	u + ai weit
ui *	uei	u + eh weben
uan *	uan	u + a wann
un *	uen	u + n wunderbar
uang *	uaŋ	u + ang Wange
ueng	uəŋ	u + eng
üe * *	yɛ	e + eh (Man geht vom **ü** sofort zu einem kurzen **e** wie in jeder über)
üan * *	yan	ü + an (Man geht vom **ü** sofort zu **an** über.)

ün * *	yn	**grün**

Anmerkungen:

1. das chinesische phonetische Alphabet
2. das internationale phonetische Alphabet

* In den sieben Silben, die mit einem u beginnen, wird das u nur andeutungsweise mit ganz rundem Mund gesprochen, dann geht man sofort zu den folgenden Vokalen über, die ganz kurz gesprochen werden. Die deutschen Beispiele geben die Aussprache nur annähernd wieder.

* * Wenn diese Silben hinter j, q, x, y stehen, wird ein ü gesprochen, obwohl die ü-Pünktchen nicht geschrieben werden (Beispiel: xue, yun).

Im Chinesischen bringen die Tonhöhe und der Wechsel in der Tonhöhe bei Silben Bedeutungsunterschiede mit sich. Solche Tonhöhenkurven heißen „Töne". Im Hochchinesischen (Putonghua), das auf der Beijinger Aussprache des in Nordchina gesprochenen Dialekts und auf der Grammatik des modernen Chinesisch basiert, gibt es vier Töne, die durch folgende Zeichen gekennzeichnet werden:

ā 1. Ton, hoch und gleichbleibend,

á 2. Ton, ansteigend,

ǎ 3. Ton, fallend-ansteigend,

à 4. Ton, fallend.

Das Zeichen für den jeweiligen Ton wird über den Vokal

gesetzt. Z. B.: **tā** (他 er). Wenn es in einer Silbe mehr als einen Vokal gibt, wird das Zeichen über den Hauptvokal, bei dessen Aussprache der Mund größer aufgemacht wird und der die größere Lautstärke hat, gesetzt. Z. B. **lái** (来 kommen), **zuò** (作 machen). Jedes Schriftzeichen hat seinen eigenen bestimmten Ton. Hier zwei Beispiele:

1.

1. Ton ī	2. Ton í	3. Ton ǐ	4. Ton ì
一	移	椅	译
yī	**yí**	**yǐ**	**yì**
(eins)	(verschieben)	(Stuhl)	(übersetzen)

2.

1. Ton ō	2. Ton ó	3. Ton ǒ	4. Ton ò
通	铜	桶	痛
tōng	**tóng**	**tǒng**	**tòng**
(durch)	(Bronze)	(Eimer)	(weh)

Es gibt außerdem manche Silben, die schwach und kurz ausgesprochen werden, also ohne Tonakzent. Da wird kein Tonzeichen gesetzt. Z.B.: **xiānsheng** (先生 Herr); **xǐhuan** (喜欢 etwas gern haben).

Von den chinesischen Schriftzeichen, die eine Geschichte von über 3000 Jahren hinter sich haben und einige Zehntausende ausmachen, werden etwa 6000 häufig verwendet. 1964 wurden, um den Leuten das Schreiben und Lesen zu erleichtern, 2236 Zeichen vereinfacht, die wir bis heute unverändert gebrauchen.

Die meisten chinesischen Schriftzeichen sind eine Kombination von sinn- und lauttragenden Zeichenelementen, d. h. sie bestehen aus Sinnträger und Lautträger. Z. B.: 花 (**huā** Blume), 草 (**cǎo** Gras), 芬芳 (**fēnfāng** duftend). Die Komponente „艹“, die jedes dieser vier Zeichen besitzt, bedeutet Gras, ist also Sinnträger. „化“,„早“,„方“ und „分“ sind die Lautträger dieser vier Zeichen. Noch ein Beispiel: 泥 (**ní** Schlamm), 湖 (**hú** See), 河 (**hé** Fluß) und 油 (**yóu** Öl). „氵“ ist der Sinnträger, bedeutet Wasser. „尼“, „胡“,„可“ und „由“ sind Lautträger.

Wenn man ein Zeichen kennengelernt hat, kann man oft viele andere Zeichen aussprechen, die den gleichen Lautträger wie das erlernte Zeichen haben. Während die klangliche Aussprache aller sechs folgenden Begriffe gleich ist, differieren sie nur in bezug auf den Ton: die vier ersten liegen im 2. und die beiden letzten im 4. Ton. 油 (**yóu**), 铀 (**yóu**), 蚰 (**yóu**), 邮 (**yóu**), 柚 (**yòu**), 釉 (**yòu**).

Da die Aussprache sich in ihrer langen Entwicklungsgeschichte geändert hat, geben viele Lautkomponenten heute nur noch die ungefähre Aussprache an, z. B.: 早 (**zǎo**) und 草 (**cǎo**); 可 (**kě**) und 河 (**hé**).

Die chinesischen Schriftzeichen sind mit festen Strichen geschrieben. Man darf den Aufbau eines Zeichens nicht beliebig ändern, da sich sonst die Bedeutung ändert. Z. B.: das Wort „大“ (**dà**) bedeutet „groß“. Wenn man ihm oben einen waagerechten Strich hinzufügt, bedeutet es dann „Himmel" (**tiān**). Wenn man den oberen Schrägstrich „、" im Wort „主" (**zhǔ** Gastgeber) nach unten versetzt, bedeutet das Wort „玉" (**yù**) dann „Jade".

Die Schriftzeichen, egal, aus wievielen Strichen sie zusammengesetzt sind, sollen beim Schreiben möglichst die gleiche Größe haben.

Alle Komponenten der Schriftzeichen werden mit folgenden Strichen geschrieben:

Strich **Name**

点 (**diǎn**) Schrägstrich
横 (**héng**) waagerecht
竖 (**shù**) senkrecht
撇 (**piě**) links-fallend
捺 (**nà**) rechts-fallend
提 (**tí**) heben
钩 (**gōu**) Haken
折 (**zhé**) Krümmung

Strichrichtung

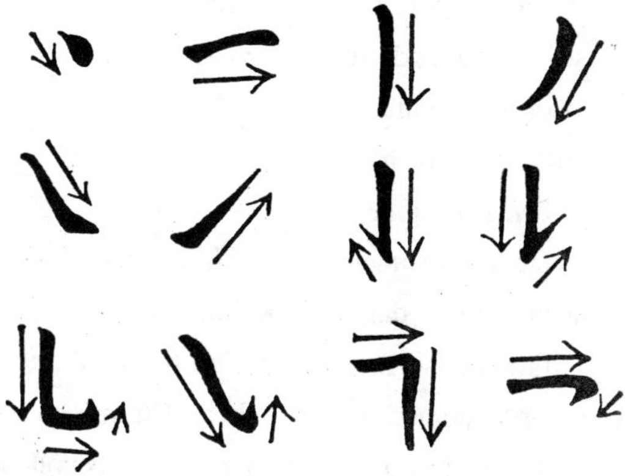

Diese Striche sind im wesentlichen gerade Linien und sollten nicht wie die lateinischen Buchstaben in Kurven geschrieben werden. Die Hauptrichtungen sind: von oben nach unten, von links nach rechts.

Zum Schreiben chinesischer Schriftzeichen gelten folgende Regeln der Strichordnung:

Beispiel	**Strichordnung**			
十	一	十		
人	丿	人		
三	一	二	三	
州	丶	丿	州	州
月	丿	冂	月	月
四	丨	冂	四	四
小	亅	小	小	

Regel

zuerst waagerecht, dann senkrecht;
zuerst links-fallend, dann rechts-fallend;
von oben nach unten;
von links nach rechts;
von außen nach innen;
zuerst innen vollenden, dann schließen;
zuerst die Mitte, dann die beiden Seiten.

China ist ein Land mit vielen Nationalitäten, die jeweils ihre eigene Sprache und Schrift haben. Chinesisch ist die Sprache der Han-Nationalität, die 90% der Gesamtbevölkerung Chinas ausmacht. Unter „Chinesisch" versteht man deshalb die Sprache der Han-Nationalität.

Lektion 1

认 识
Rènshi
Kennenlernen

I. Gespräch:

A: 您 好!
Nín hǎo!
Sie gut!

B: 您 好! 您 是——
Nín hǎo! Nín shì—
Sie gut! Sie sein...

A: 我 叫 施密特, 这是我 的
Wǒ jiào Shīmìtè, zhè shì wǒ de
Ich heißen Schmidt, dies sein ich (Genitivsuffix)
妻子。
qīzi.
Frau.

B: 我 叫 米勒。认识 您很 高兴。
Wǒ jiào Mìle. Rènshi nín hěn gāoxìng.
Ich heißen Müller. Kennenlernen Sie sehr sich freuen.

A: 我 也 很 高兴。

Wǒ yě hěn gāoxìng.

Ich auch sehr sich freuen.

B: 请 坐!

Qǐng zuò!

Bitten sich setzen!

A: 谢谢!

Xièxie!

Danken!

B: 请 喝 茶! 抽烟 不 抽烟?

Qǐng hē chá! Chōuyān bù chōuyān?

Bitten trinken Tee! Rauchen nicht rauchen?

A: 谢谢! 我 不 会。

Xièxie! Wǒ bú huì.

Danken! Ich nicht können.

B: 这 位 是 您 的 夫人 吗?

Zhè wèi shì nín de fūren ma?

Dies (Zählwort) sein Sie Frau (Fragepartikel)?

A: 不 是。她 是 我 的 朋友。 她 也

Bú shì. Tā shì wǒ de péngyou. Tā yě

Nicht sein. Sie sein ich Freund. Sie auch

是 德国人。

shì Déguórén.

sein Deutscher.

B: 对不起。

Duìbùqǐ.

Entschuldigung.

A: 没关系。

Méiguānxi.

Macht nichts.

Übersetzung:

A: Guten Tag!

B: Guten Tag! Sie sind...

A: Ich heiße Schmidt. Dies ist meine Frau.

B: Ich heiße Müller. Freut mich, Sie kennenzulernen.

A: Freut mich auch.

B: Bitte nehmen Sie Platz!

A: Danke.

B: Bitte trinken Sie Tee. Rauchen Sie?

A: Danke. Ich rauche nicht.

B: Ist dies Ihre Frau?

A: Nein. Sie ist meine Freundin. Sie kommt auch aus Deutschland.

B: Entschuldigung.

A: Bitte sehr.

II. Vokabeln:

您	**nín**	Sie
是	**shì**	sein
我	**wǒ**	ich
叫	**jiào**	heißen

这	**zhè**	dies
的	**de**	(Genitiv-Attributiv-Relativsuffix)
妻子	**qīzi**	Frau; Ehefrau
认识	**rènshi**	kennenlernen; kennen
很	**hěn**	sehr
高兴	**gāoxìng**	sich freuen
也	**yě**	auch
请	**qǐng**	bitten
坐	**zuò**	Platz nehmen; sich setzen
谢谢	**xièxie**	danken
喝	**hē**	trinken
茶	**chá**	Tee
抽烟	**chōuyān**	rauchen
不	**bú (od. bù)**	nicht
会	**huì**	können; mögen
位	**wèi**	(Zählwort)
夫人	**fūren**	Frau
吗	**ma**	(Fragepartikel)
她	**tā**	sie
朋友	**péngyou**	Freund
德国人	**Déguórén**	Deutscher
对不起	**duìbùqǐ**	Entschuldigung
没关系	**méiguānxi**	Das macht nichts.

III. Erläuterungen:

1. Die verneinende Form des Verbs “是” **shì** (sein) ist “不是” **búshì** (nicht sein). “不” ist Adverb, bedeutet “nicht”. Z. B. “我不是施密特。” **Wǒ bú shì Shīmìtè.** (Ich bin nicht Schmidt.)

2. Es gibt einige Möglichkeiten, Fragesätze zu bilden. Im folgenden sind zwei davon:

(1) Man setzt am Ende eines Aussagesatzes die Modalpartikel “吗” **(ma)**. Z. B. “你是施密特吗?” **Nǐ shì Shīmìtè ma?** (Bist du Schmidt?) “你喝茶吗?” **Nǐ hē chá ma?** (Trinkst du Tee?) “你认识他吗?” **Nǐ rènshi tā ma?** (Kennst du ihn?)

(2) Man setzt hinter dem Prädikat eines Aussagesatzes das Adverb “不” und dasselbe Prädikat. Z. B.: “你是不是施密特?” **Nǐ shì bu shì Shīmìtè?** (Bist du Schmidt oder nicht?) “你喝不喝茶?” **Nǐ hē bu hē chá?** (Trinkst du Tee oder nicht?) “你认识不认识他?” **Nǐ rènshi bu rènshi tā?** (Kennst du ihn oder nicht?)

3. Wenn Nomen, Pronomen oder Adjektive die Rolle des Attributs spielen, folgt ihnen normalerweise das Wort 的. Z.B.: “他是我的朋友”。 **Tā shì wǒ de péngyou.** (Er ist mein Freund.) “她是施密特的夫人。” **Tā shì Shīmìtè de fūren.** (Sie ist die Frau von Schmidt.)

IV. Übungen:

1. Setzen Sie ein:

(1) 他是我的<u>朋友</u>。**Tā shì wǒ de <u>péngyou</u>.** (Er ist mein

Freund.

秘书 **(mìshū)** (Sekretär) 丈夫 **(zhàngfu)** (Mann) 儿子 **(érzi)** (Sohn)

(2) 施密特的朋友是奥地利人。**(Shīmìtè de péngyou shì Àodìlìrén.** Schmidts Freund ist Österreicher.)

中国人 **(Zhōngguórén)** (Chinese) 德国人 **(Déguórén)** (Deutscher) 瑞士人 **(Ruìshìrén)** (Schweizer)

(3) 我不抽烟。**(Wǒ bù chōuyān.** Ich rauche nicht.)

喝茶 **(hē chá)** (Tee trinken) 喝咖啡 **(hē kāfēi)** (Kaffee trinken)

2. Bilden Sie mit folgenden Wörtern Fragesätze und beantworten Sie diese bejahend und verneinend. Z. B.: 朋友 (**péngyou** Freund)

他是你的朋友吗?

Tā shì nǐ de péngyou ma? (Ist er dein Freund?)

他是不是你的朋友?

Tā shì bú shi nǐ de péngyou? (Ist er dein Freund oder nicht?)

他不是我的朋友,是米勒的朋友。

Tā bú shì wǒ de péngyou, shì Mǐlè de péngyou. (Er ist nicht mein Freund, er ist Müllers Freund.)

(1) 秘书 (**mìshū** Sekretär) (2) 施密特 (**Shīmìtè Schmidt**)

(3) 喝 (**hē** trinken)

V. Wir lernen schreiben:

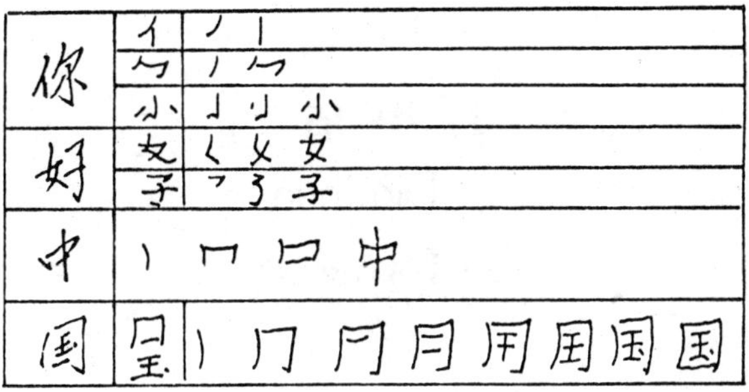

Lektion 2

打 电 话
Dǎ Diànhuà
Telefonieren

I. Gespräch:

A:	请	问,	北京	大学	电话	号码
	Qǐng	**wèn,**	**Běijīng**	**Dàxué**	**diànhuà**	**hàomǎ**
	Bitten	fragen,	Beijing	Universität	Telefon	Nummer
	是	多少?				
	shì	**duōshao?**				
	sein	wieviel?				
B:	总机	是	282471。			
	Zǒngjī	**shì**	**èr bā èr sì qī yāo.**			
	Zentrale	sein	zwei acht zwei vier sieben eins.			
A:	谢谢!					
	Xièxie!					
	Danken!					
B:	不	客气。				
	Bú	**kèqi.**				
	Nicht	höflich.				

A: 喂，你 是 北京 大学 吗？
Wèi, nǐ shì Běijīng Dàxué ma?
Hallo, du sein Beijing Universität (Fragepartikel)?

B: 是，您 要 哪儿？
Shì, nín yào nǎr?
Sein, Sie wollen wo?

A: 我 要 勺园。
Wǒ yào Sháoyuán.
Ich wollen Shaoyuan.

B: 对不起，占线，请 您 一会儿 再 打。
Duìbuqǐ, zhànxiàn, qǐng nín yīhuìr zài dǎ.
Entschuldigung, besetzt, bitten Sie einen Moment wieder anrufen.

* * *

A: 喂，是 勺园 吗？
Wèi, shì Sháoyuán ma?
Hallo, sein Shaoyuan?

B: 我 是。您 找 谁？
Wǒ shì. Nín zhǎo shuí?
Ich sein. Sie suchen wer?

A: 请 您 找 一下 施密特 先生。
Qǐng nín zhǎo yíxià Shīmìtè xiānsheng.
Bitten Sie suchen einmal Schmidt Herr.

B: 他 住 几 号 房间?
Tā zhù jǐ hào fángjiān?
Er wohnen wieviel Nummer Zimmer?

A: 三 层 301 房间。
Sān céng sān líng yāo fángjiān.
Drei Stock drei null eins Zimmer.

B: 请 稍等。
Qǐng shāoděng.
Bitten kurz warten.

A: 谢谢!
Xièxie!
Danken!

B: 不巧, 他 出去 了。
Bùqiǎo, tā chūqù le.
Leider, er ausgehen (Finalpartikel).

Übersetzung:

A: Bitte, wie ist die Telefonnummer der Peking-Universität?

B: Die Nummer der Zentrale ist 282471.

A: Danke.

B: Bitte.

A: Hallo, ist dort die Peking-Universität?

B: Ja. Mit wem wollen Sie sprechen?

A: Mit dem Shaoyuan-Gebäude.

B: Tut mir leid, besetzt. Rufen Sie bitte etwas später wieder an.

* * *

A: Hallo, Shaoyuan-Gebäude?

B: Ja. Wen möchten Sie sprechen?

A: Bitte geben Sie mir Herrn Schmidt.

B: Welche Zimmernummer hat er?

A: 301 im zweiten Stock. *

B: Augenblick bitte.

A: Danke!

II. Vokabeln:

打(电话)	**dǎ (diànhuà)**	telefonieren
电话	**diànhuà**	Telefon
请问	**qǐngwèn**	Gestatten Sie eine Frage
北京大学	**Běijīng Dàxué**	Die Peking-Universität
电话号码	**diànhuà hàomǎ**	Telefonnummer
多少	**duōshao**	wieviel
总机	**zǒngjī**	Telefonzentrale
二(2)	**èr**	zwei
八(8)	**bā**	acht
四(4)	**sì**	vier
七(7)	**qī**	sieben

* Im Chinesischen wird das Erdgeschoß als erster Stock bezeichnet.

一(1)	**yāo**	eins
不客气	**bú kè qi**	nichts zu danken
喂	**wèi**	hallo
你	**nǐ**	du
要	**yào**	wollen; möchten; müssen
哪儿	**nǎr**	wo
占线	**zhànxiàn**	besetzt sein
一会儿	**yīhuìr**	einen Moment
再	**zài**	wieder; noch; dann
找	**zhǎo**	suchen
谁	**shuí**	wer
一下	**yíxià**	einmal; kurz
先生	**xiānsheng**	Herr
他	**tā**	er
住	**zhù**	wohnen
几	**jǐ**	wieviel; einige
号	**hào**	Nummer
房间	**fángjiān**	Zimmer
三(3)	**sān**	drei
层	**céng**	Stock
零	**líng**	Null
稍等	**shāoděng**	einen Moment warten
出去	**chūqù**	ausgehen
了	**le**	Finalpartikel
不巧	**bùqiǎo**	leider

III. Erläuterungen:

1. Der Schlußpartikel "了" ist Zeichen der Vergangenheit. Z. B. "他吃饭了。" **Tā chī fàn le.** (Er hat gegessen.) "他出去了" **Tā chūqu le.** (Er ist rausgegangen.) Die verneinende Form des Wortes bildet man, indem man vor das Verb "没(有)" setzt und das "了" ausstreicht. Z. B. "他没(有)吃饭。" **Tā méi (yǒu) chīfàn.** (Er hat nicht gegessen.) Die fragende Form bildet sich wie folgt: "他吃饭了吗?" **Tā chīfàn le ma?** (Hat er gegessen?) "他出去了吗?" **Tā chūqu le ma?** oder "他出去了没有?" **Tā chūqù le méiyǒu?** (Ist er rausgegangen oder nicht?) "他吃饭了没有?" **Tā chīfàn le méiyǒu?** (Hat er gegessen oder nicht?)

2. Das Zahlwort "一" (eins) wird beim Telefonieren oft als **"yāo"** ausgesprochen. Z. B. 271531. **Èr qī yāo wǔ sān yāo.**

VI. Übungen:

1. Setzen Sie ein:

(1)请问,北京大学的电话号码是多少?

(你;米勒先生办公室 **bàngōngshì** Büro; 施密特先生房间)

(2) 请你找一下施密特先生。

(米勒先生;施密特先生的夫人;米勒先生的秘书)

(3) 你吃饭了吗?我吃饭了。我没吃饭。

(打电话;喝咖啡;去北京;要茅台;休息;去旅行 **qù lǚxíng** reisen gehen; 去办公室)

2. Ergänzen Sie folgende Sätze:

(1) A: 昨天你去哪儿了?

B: ________________。

(2) A: ________________?

B: 我没去布朗先生的办公室。

(3) A: 施密特先生去旅行了没有?

B: ________________。

(4) A: ________________?

B: 星期日我没去北京大学。

V. Wir lernen schreiben:

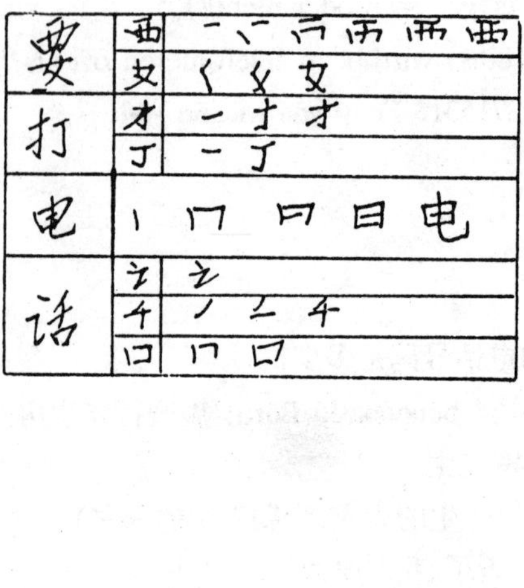

Lektion 3

去银行
Qù Yínháng
Zur Bank gehen

I. Gespräch:

A:	我	要	去	银行，	你	想	去
	Wǒ	**yào**	**qù**	**yínháng,**	**nǐ**	**xiǎng**	**qù**
	Ich	wollen	gehen	Bank,	du	wollen	gehen
	吗？						
	ma?						
	(Fragepartikel)?						

B:	去，	我	也	想	换	钱。
	Qù,	**wǒ**	**yě**	**xiǎng**	**huàn**	**qián.**
	Gehen,	ich	auch	wollen	wechseln	Geld.

A:	我们	一起	去	吧！
	Wǒmen	**yìqǐ**	**qù**	**ba!**
	Wir	zusammen	gehen	(Schlußpartikel)!

A:	先生，	我们	要	换	钱。
	Xiānsheng,	**wǒmen**	**yào**	**huàn**	**qián.**
	Herr,	wir	wollen	wechseln	Geld.

C: 换 什么 钱?
Huàn shénme qián?
Wechseln was Geld?

A: 人民币。
Rénmínbì.
Renminbi.

C: 用 什么 换?
Yòng shénme huàn?
Mit was wechseln?

A: 马克。 今天 马克 和 人民币
Mǎkè. Jīntiān Mǎkè hé Rénmínbì
D-Mark. Heute D-Mark und Renminbi
的 兑换率 是 多少?
de duìhuànlǜ shì duōshao?
(Genitivsuffix) Wechselkurs sein wieviel?

C: 1 比 5.43 (读作: 五点四三)。
Yī bǐ 5.43 (dúzuò: wǔ diǎn sì sān.)
1 zu 5.43 (gelesen: fünf Punkt vier drei).
您 要 换 多少?
Nín yào huàn duōshao?
Sie wollen wechseln wieviel?

A: 我 换 五百 马克。
Wǒ huàn wǔbǎi Mǎkè.
Ich wechseln fünfhundert D-Mark.

B: 我 也 换 五百。
Wǒ yě huàn wǔbǎi.
Ich auch wechseln fünfhundert.

C: 请 您们 填 一下 兑换单。
Qǐng nínmen tián yíxià duìhuàndān.
Bitten Sie ausfüllen mal Wechselformular.
可以 写 英文。
Kěyǐ xiě yīngwén.
Können schreiben Englisch.

A: 您 看 对 吗?
Nín kàn duì ma?
Sie sehen richtig ?

C: 对。 五百 马克 是 人民币
Duì. Wǔbǎi Mǎkè shì Rénmínbì
Richtig. Fünfhundert D-Mark sein Renminbi
二千 七百 一十 五 块 (元)。
èrqiān qībǎi yìshí wǔ kuài (yuán).
zwei Tausend siebenhundert zehn fünf Kuai(Yuan).
请 您们 点 一下。
Qǐng nínmen diǎn yíxià.
Bitten Sie nachzählen mal.

A: 对了, 谢谢!
Duìle, xièxie!
Richtig, danken!

C: 不 客气。
Bú kèqi.
Nicht höflich.

A: 再见!
Zàijiàn!
Auf Wiedersehen!

A: 再见!

Zàijiàn!

Auf Wiedersehen!

Übersetzung:

A: Ich will zur Bank gehen. Willst du mit?

B: Ja. Ich will auch Geld wechseln.

A: Gehen wir zusammen!

A: Mein Herr, wir möchten etwas Geld wechseln.

C: In welche Währung?

A: Renminbi.

C: Mit welchem Geld?

A: D-Mark. Wie hoch ist der Wechselkurs zwischen D-Mark und Renminbi heute?

C: Eins zu zwei Komma neunundsiebzig. Wieviel wollen Sie wechseln?

A: Fünfhundert D-Mark.

B: Ich möchte auch fünfhundert D-Mark wechseln.

C: Bitte füllen Sie ein Formular aus. Sie können auf Englisch schreiben.

A: Sehen Sie mal, ob es richtig ist!

C: Genau. Fünfhundert D-Mark sind gleich tausenddreihundertfünfundneunzig Kuai (Yuan). Bitte zählen Sie es mal nach.

A: Richtig. Danke!

C: Gern geschehen.

A: Auf Wiedersehen!

C: Auf Wiedersehen!

II. Vokabeln:

去	**qù**	gehen
银行	**yínháng**	Bank
想	**xiǎng**	wollen; möchten
换(钱)	**huàn(qián)**	(Geld) wechseln
钱	**qián**	Geld; Währung
我们	**wǒmen**	wir
一起	**yìqǐ**	zusammen
吧	**ba**	(Schlußpartikel)
什么	**shénme**	was
人民币	**Rénmínbì**	die chinesische Währung
用	**yòng**	mit
马克	**mǎkè**	D-Mark
兑换率	**duìhuànlǜ**	Wechselkurs
比	**bǐ**	zu
点	**diǎn**	Punkt; nachzählen
五(5)	**wǔ**	fünf
百	**bǎi**	hundert
您们	**nínmen**	Sie
填	**tián**	ausfüllen
兑换单	**duìhuàndān**	Wechselformular

可以	**kěyi**	können
写	**xiě**	schreiben
英文	**yīngwén**	Englisch
看	**kàn**	sehen
对	**duì**	richtig
一(1)	**yī(yí, yì)**	eins
千	**qiān**	tausend
十(10)	**shí**	zehn
元	**yuán**	Yuan
块	**kuài**	Yuan; Stück
再见	**zàijiàn**	Auf Wiedersehen

III. Erläuterungen:

1. Die Modalverben "要", "想", "会", "可以" stehen meist vor dem Verb und Adjektiv und bringen Forderungen, Wünsche, Möglichkeiten bzw. Sollen zum Ausdruck. Z. B. (bejahen)

我要去银行。 (Ich will zur Bank gehen.)
我要换钱。 (Ich möchte Geld wechseln.)
我会写中文。 (Ich kann Chinesisch schreiben.)
现在可以抽烟。 (Jetzt darf man rauchen.)

(verneinen)

我不想去银行。 (Ich will nicht zur Bank gehen.)
我不想换钱。 (Ich möchte kein Geld wechseln.)
我不会写中文。 (Ich kann kein Chinesisch schreiben.)
现在不可以抽烟。(Jetzt darf man nicht rauchen.)

2. Chinesische Währungseinheiten: "元(Yuan)", "角(Jiao)", "分(Fen)"; mündlicher Ausdruck: "块(Kuai)", "毛 (Mao)", "分(Fen)". Z. B.

2.00 Yuan = zwei Yuan = zwei Kuai

0.20 Yuan = zwei Jiao = zwei Mao

1.25 Yuan = ein Yuan zwei Jiao fünf Fen = ein Kuai zwei Mao fünf (Fen)

27.20 Yuan = siebenundzwanzig Yuan zwei Jiao = siebenundzwanzig Kuai zwei (Mao)

16.04 Yuan = sechzehn Yuan vier Fen = sechzehn Kuai vier Fen

IV. Übungen:

1. Setzen Sie ein:
   我要换钱。(吃饭;喝咖啡;休息 **xīuxi**;打电话;去旅行;去中国;看报)
2. Beantworten Sie folgende Fragen:

1)你想吃点儿什么?(饺子;炒虾仁;糖醋鱼)

2)明天上午你要去哪儿?(银行;办公室;看朋友)

3. Ergänzen Sie mit den Modalverben “想”,“要”,“会,”“可以”, folgende Sätze:

1)现在八点,我____________。

2)星期天我____________。

3)我的朋友____________。

4)中国银行____________。

4. Versuchen Sie, folgende Zahlen schnell auszusprechen:

0.22 元　7.50 元　3.20 元　8.43 元　12.02 元

V. Wir lernen schreiben:

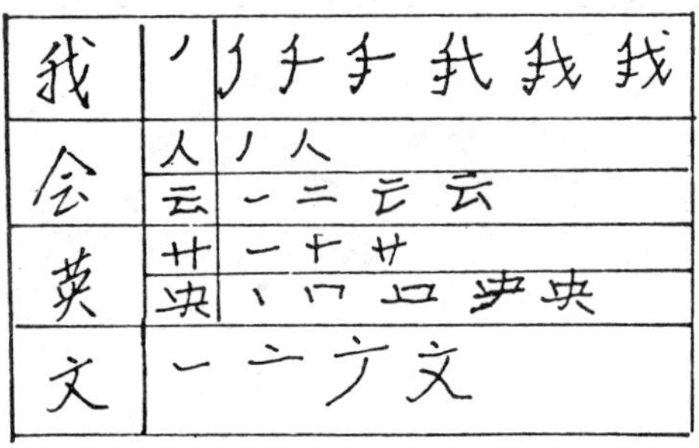

Lektion 4

吃 饭

Chīfàn

Essen

I. Gespräch:

A: 您好！ 您 吃 什么？
Nínhǎo! Nín chī shénme?
Sie gut! Sie essen was?

B: 这 是 什么 菜？
Zhè shì shénme cài?
Dies sein was Speise?

A: 辣子 肉丁。
Làzi roùdīng.
Scharfe Paprikaschote Fleischwürfel.

B: 很 辣 吗？
Hěn là ma?
Sehr scharf (Fragepartikel)?

A: 不 太 辣。
Bú tài là.
Nicht zu scharf.

B: 有 不 辣 的 菜 吗?
Yǒu bú là de cài ma?
Haben nicht scharf (Genitivsuffix) Speise?

A: 有 糖醋 鱼、 炒 虾仁……
Yǒu tángcù yú、 chǎo xiārén……
Haben süßsauer Fisch、 braten Garnelenfleisch……

B: 来 一 个 辣子
Lái yí gè làzi
Kommen eins (Zählwort) scharfe Paprikaschote
肉丁、 一 个 糖醋 鱼 和 一
ròudīng、 yí ge tángcù yú hé yí
Fleischwürfel, eins süßsauer Fisch und eins
个 鸡蛋 汤。
gè jīdàn tāng.
Ei Suppe.

A: 还 要 什么?
Hái yào shénme?
Noch wollen was?

B: 有 没 有 饺子?
Yǒu mei yǒu jiǎozi?
Haben nicht haben Jiaozi (chinesische Ravioli)?

A: 对不起, 没 有。 有 米饭。
Duìbùqǐ, méi yǒu. Yǒu mǐfàn.
Entschuldigung, nicht haben. Haben Reis.

B: 来 两 份 米饭, 还 要 一
Lái liǎng fèn mǐfàn, hái yào yì
Kommen zwei Portion Reis, noch wollen eins

瓶 茅台酒。

píng máotái jiǔ.

Flasche Maotai-Schnaps.

A: 还 要 别的 吗?

Hái yào biéde ma?

Noch wollen sonstiges?

B: 不 要 了, 谢谢。

Bú yào le, xièxie.

Nicht wollen (Finalpartikel), danken.

A: 中国 菜 怎么样?

Zhōngguó cài zěnmeyàng?

China Speise wie?

B: 很 好 吃。

Hěn hǎo chī.

Sehr gut essen.

A: 酒 的 味道 怎么样?

Jiǔ de wèidào zěnmeyàng?

Schnaps Geschmack wie?

B: 酒 的 味道 好 极 了。

Jiǔ de wèidào hǎo jí le.

Schnaps Geschmack gut außerordentlich.

Übersetzung:

A: Guten Tag! Was wollen Sie bestellen?

B: Was ist das für eine Speise?

A: Gebratene Schweinefleischwürfel mit Paprikaschoten.

B: Ist das sehr scharf?

A: Nein, nicht sehr scharf.

B: Gibt es Gerichte, die nicht scharf sind?

A: Es gibt Fisch in süßsaurer Soße und gebratenes Garnelenfleisch.

B: Bitte eine Portion Fleischwürfel mit Paprikaschoten, einen Fisch in süßsaurer Soße und eine Eiersuppe.

A: Außerdem?

B: Gibt es Jiaozi?

A: Leider nein. Es gibt Reis.

B: Dann zwei Portionen Reis, und eine Flasche Maotai-Schnaps.

A: Sonst noch etwas?

B: Nein, danke.

A: Wie schmecken die chinesischen Speisen?

B: Sehr gut.

A: Und wie schmeckt der Schnaps?

B: Er schmeckt ausgezeichnet.

II. Vokabeln:

吃饭	**chīfàn**	essen
吃	**chī**	essen
菜	**cài**	Speise
辣子肉丁	**làzi ròudīng**	Gebratene Fleischwürfel mit Paprikaschoten

辣	**là**	scharf
有	**yǒu**	haben; es gibt
糖醋鱼	**tángcùyú**	Fisch in süßsaurer Soße
炒虾仁	**chǎo xiārén**	Gebratenes Garnelenfleisch
个	**gè**	Stück (Zählwort)
和	**hé**	und
鸡蛋汤	**jīdàntāng**	Eiersuppe
还	**hái**	noch
没有	**méiyǒu**	nicht haben; es gibt kein
饺子	**jiǎozi**	chinesische Ravioli
米饭	**mǐfàn**	Reis
两	**liǎng**	zwei
份	**fèn**	Portion
瓶	**píng**	Flasche
茅台酒	**máotái jiǔ**	Maotai-Schnaps
别的	**biéde**	andere
中国	**Zhōngguó**	China
怎么样	**zěnmeyàng**	wie
酒	**jiǔ**	Schnaps; Spirituosen
味道	**wèidào**	Geschmack
好	**hǎo**	gut
极	**jí**	außerordentlich

III. Erläuterungen:

1. Als Prädikat hat das Verb “有” **yǒu** (haben) die verneinende Form “没有” **méiyǒu** (nicht haben). Z. B.: “没有饺子。” **Méiyǒu Jiǎozi** (Es gibt keine Jiaozi.) “没有咖啡。” **Méiyǒu kāfēi.** (Es gibt keinen Kaffee.)

2. Im Chinesischen können Adjektive als Prädikat dienen. Z. B. “这个菜辣。” **Zhè ge cài là.** (Diese Speise ist scharf.)

3. Fragesätze sind auch mit Fragepronomen zu bilden wie “您吃什么?” **Nín chī shénme?** (Was essen Sie?) “这个菜怎么样?” **Zhè gè cài zěnmeyàng?** (Wie schmeckt diese Speise?)

4. Vor Zahleinheitswörtern wird statt “二” **èr** (zwei) “两” **liǎng** (zwei) verwendet. Z. B. “两瓶酒” **liǎng píng jiǔ** (zwei Flaschen Schnaps).

IV. Übungen:

1. Setzen Sie ein:

   (1)有饺子吗?(米饭;炒虾仁;可口可乐 (**kěkǒu kělè** Coca Cola); 汽水 (**qìshuǐ** Brause); 啤酒 (**píjiǔ** Bier); 茅台酒 (**máotáijiǔ** Maotai-Schnaps)

   (2)来一个辣子肉丁。(个 鸡蛋汤;瓶 啤酒;杯 (**bēi** Tasse)咖啡;份 米饭)

   (3)这个菜很辣。(不辣;不太辣;辣极了;很好吃;不好吃;味道好极了)

2. Bitte antworten Sie auf folgende Fragen bejahend und verneinend:

(1)有没有咖啡?

(2)你要不要饺子?

(3)这个菜怎么样?(Lösung: 很好吃;不好吃)

(4)还要别的吗?

3. Dialog:

A: ________________?

B: 来一杯咖啡。

A: ________________?

B: 不要了。

A: ________________?

B: 味道好极了。

V. Wir lernen schreiben:

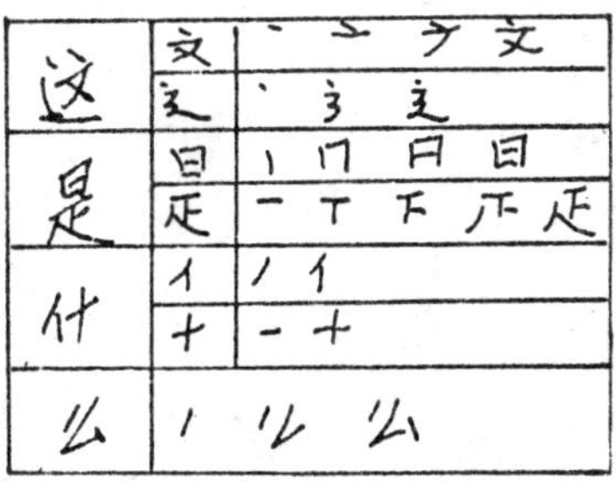

Lektion 5

时间和日期

Shíjiān hé Rìqī

Zeit und Datum

I. Gespräch:

A: 请 问, 这 是 今天 的
Qǐng wèn, zhè shì jīntiān de
Bitten fragen, dies sein heute (Genitivsuffix)
报 吗?
bào ma?
Zeitung (Fragepartikel)?

B: 是。
shì.
Sein.

A: 这 是 昨天 的 (报)。 今天 是
Zhè shì zuótiān de (bào). Jīntiān shì
Dies sein gestern (Zeitung). Heute sein
三月 十五 日, 星期五。
sānyuè shíwǔ rì, xīngqīwǔ.
März fünfzehn Tag, Freitag.

B: 对不起， 那 张 报 是

Duìbuqǐ, nà zhāng bào shì

Entschuldigung, jene (Zählwort) Zeitung sein

今天 的。

jīntiān de.

heute.

A: 谢谢！

Xièxie!

Danken!

A: 劳驾， 现在 几 点 了？

Láojià, xiànzài jǐ diǎn le?

Verzeihung, jetzt wieviel Uhr (Finalpartikel)?

B: 九 点 三 刻 了。 您 今天

Jiǔ diǎn sān kè le. Nín jīntiān

Neun Uhr drei Viertel. Sie heute

不 出去 吗？

bù chūqu ma?

nicht rausgehen?

A: 我 要 等 施密特 先生。

Wǒ yào děng Shīmìtè xiānsheng.

Ich möchten warten Schmidt Herr.

B: 他 什么 时候 来？

Tā shénme shíhou lái?

Er was Zeit kommen?

A: 十一 点。

Shíyī diǎn.

Elf Uhr.

B: 还 有 一 个 小时 十五

Hái yǒu yí ge xiǎoshí shíwǔ

Noch haben eins (Zählwort) Stunde fünfzehn

分(钟)。

fēn(zhōng).

Minute.

A: 你们 哪 天 去 旅行?

Nǐmen nǎ tiān qù lǚxíng?

Ihr welcher Tag gehen reisen?

B: 星期六。

Xīngqīliù.

Samstag.

A: 你们 去 几 个 地方?

Nǐmen qù jǐ ge dìfang?

Ihr gehen wieviel Ort?

B: 我们 去 四 个 地方。

Wǒmen qù sì ge dìfang.

Wir gehen vier Ort.

A: 什么 时候 回来?

Shénme shíhou huílai?

Was Zeit zurückkommen?

B: 半 个 月 以后 回来。

Bàn ge yuè yǐhòu huílai.

Halb Monat später zurückkommen.

Übersetzung:

A: Bitte, ist das die heutige Zeitung?

B: Ja.

A: Das ist die Zeitung von gestern. Heute ist Freitag, der 15. März.

B: Entschuldigung, jene Zeitung dort ist von heute.

A: Danke!

A: Bitte, wie spät ist es jetzt?

B: Viertel vor zehn. Gehen Sie heute nicht raus?

A: Ich warte noch auf Herrn Schmidt.

B: Wann kommt er?

A: Um elf.

B: Dann haben Sie noch eine Stunde und fünfzehn Minuten zu warten.

A: Wann reist ihr ab?

B: Am Samstag.

A: Wohin reist ihr denn?

B: Wir werden uns an vier Orten aufhalten.

A: Wann kommt ihr zurück?

B: In einem halben Monat.

II. Vokabeln:

时间	**shíjiān**	Zeit
日期	**rìqī**	Datum
今天	**jīntiān**	heute

报(纸)	**bào (zhǐ)**	Zeitung
昨天	**zuótiān**	gestern
月	**yuè**	Monat
十五(15)	**shíwǔ**	fünfzehn
日	**rì**	Tag
星期	**xīngqī**	Wochentag
那	**nà**	jener
张	**zhāng**	Exemplar; Blatt
劳驾	**láojià**	Tun Sie mir einen Gefallen; Seien Sie so gut; Verzeihung
现在	**xiànzài**	jetzt
点	**diǎn**	Uhr
(一)刻	**(yí)kè**	(ein) Viertel (Stunde)
等	**děng**	warten
时候	**shíhou**	Zeit
(什么时候	**shénme shíhou**	wann)
来	**lái**	kommen
十一(11)	**shíyī**	elf
小时	**xiǎoshí**	Stunde
分(钟)	**fēn (zhōng)**	Minute
你们	**nǐmen**	ihr
哪天	**nǎ tiān**	welcher Tag
旅行	**lǚxíng**	reisen, Reise machen
六(6)	**liù**	sechs
地方	**dìfang**	Ort

回来	**huílai**	zurückkommen
半个	**bàn ge**	halb
以后	**yǐhòu**	nachher; später; nach

III. Erläuterungen:

1. Im Chinesischen wird für die Zahlen das Dezimalsystem verwendet: 一,二,三,四,五,六,七,八,九,十 **yī, èr, sān, sì, wǔ, liù, qī, bā, jiǔ, shí** 十一,十二,十三,十四,十五,十六,十七,十八,十九,二十,二十一,二十二,……三十……九十九,一百 **yìbǎi** (hundert); 一百零一,一百零二……,一百一十……,一百二十……
2. Die zwölf Monate auf Chinesisch: 一月 **yīyuè**, 二月,三月,四月,五月,六月,七月,八月,九月,十月,十一月,十二月。
3. Die sieben Tage der Woche auf Chinesisch: 星期一 **xīngqīyī**, 星期二,星期三,星期四,星期五,星期六,星期日(天)。
4. So werden die Zeiten ausgedrückt: 2:00: 两点; 3:00: 三点; 3:02:三点零二分;3:15:三点十五分 oder 三点一刻; 3:35: 三点三十五分;3:45: 三点四十五分 oder 三点三刻 oder 差一刻四点;3:30 三点三十分 oder 三点半;3:55 三点五十五分 oder 差五分四点。

IV. Übungen:

1. Sprechen Sie die folgenden Zeitpunkte auf Chinesisch aus:
   4:08　5:25　6:15　7:30　8:50　12:45

2. Ergänzen Sie:

(1) 今天是三月三十一日,星期六。

明天 (**míngtiān** morgen) 是________月________日,星期________。

昨天是________月________日,星期________。

(2) 我明天上午 (**shàngwǔ** Vormittag)________,中午 (**zhōngwǔ** Mittag)________. (出去;回来;吃饭;休息 **xiūxi** (Pause machen).

3. Dialog:

A: ________________

(An welchem Tag kommt Herr Schmidt?)

B: 施密特先生明天来。

A: ________________

(Wann kommt er)?

B: 他明天上午九点来。

A: ________________

(Wann reist ihr nach China)?

B: 我们九月去中国。

A: ________________

(Wann kommt ihr zurück)?

B: 我们两个月后回来。

4. Versuchen Sie das folgende auszusprechen!

四是四,十是十。

十四是十四,四十是四十。

四十不是十四,十四不是四十。

V. Wir lernen schreiben:

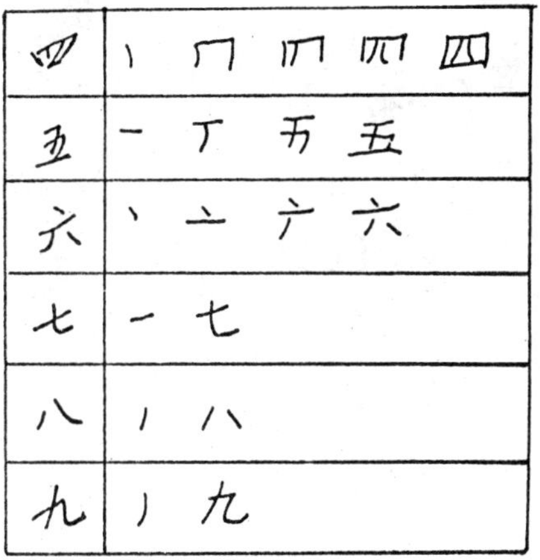

Lektion 6

在邮局
Zài Yóujú
In der Post

I. Gespräch:

A:	你	给	谁	寄	信?		
	Nǐ	**gěi**	**shuí**	**jì**	**xìn?**		
	Du	geben	wer	schicken	Brief?		
B:	给	我	父亲。				
	Gěi	**wǒ**	**fùqin.**				
	Geben	ich	Vater.				
A:	他	身体	好	吗?			
	Tā	**shēntǐ**	**hǎo**	**ma?**			
	Er	Körper	gut	(Fragepartikel)?			
B:	很	好,	谢谢!	你	也	寄	信 吗?
	Hěn	**hǎo,**	**xièxie!**	**Nǐ**	**yě**	**jì**	**xìn ma?**
	Sehr	gut,	danken!	Du	auch	schicken	Brief?
A:	不。	我	买	纪念 邮票。	我	(的)	
	Bù.	**Wǒ**	**mǎi**	**jìniàn yóupiào.**	**Wǒ**	**(de)**	
	Nein.	Ich	kaufen	Gedenkmarke.	Ich	(Genitivsuffix)	

弟弟 非常 喜欢 中国 邮票。
dìdi fēicháng xǐhuan Zhōngguó yóupiào.
Bruder sehr lieben China Briefmarke.

B: 你 弟弟 在 哪儿 工作?
Nǐ dìdi zài nǎr gōngzuò?
Du Bruder in wo arbeiten?

A: 他 不 工作, 在 科隆 学习 历史。
Tā bù gōngzuò, zài Kēlóng xuéxí lìshǐ.
Er nicht arbeiten, in Köln studieren Geschichte.

A: 先生, 往 科隆 寄 信 贴 多少 邮票?
Xiānsheng, wǎng Kēlóng jì xìn tiē duōshao yóupiào?
Herr, nach Köln schicken Brief kleben wieviel Briefmarke?

C: 我 称 一下。 这 封 信 贴 两 块。 这 封 信 贴 两 块 四。
Wǒ chēng yíxia. Zhè fēng xìn tiē liǎng kuài. Zhè fēng xìn tiē liǎng kuài sì.
Ich wiegen einmal. Dies (Zählwort) Brief kleben zwei Kuai. Dies Brief kleben zwei Kuai vier.

A: 请 再 给 我 十 个 信封。
Qǐng zài gěi wǒ shí ge xìnfēng.
Bitten wieder geben ich zehn Briefumschlag.

C: 要 信纸 吗?
Yào xìnzhǐ ma?
Wollen Briefpapier ?

A: 不 要， 谢谢！
Bú yào, xièxie!
Nicht wollen, danken!

C: 你 要 什么？
Nǐ yào shénme?
Sie wollen was?

B: 我 买 纪念 邮票。
Wǒ mǎi jìniàn yóupiào.
Ich kaufen Gedenkmarke.

C: 这 是 新 的 纪念 邮票。 要 几 套？
Zhè shì xīn de jìniàn yóupiào. Yào jǐ tào?
Dies sein neu Gedenkmarke. Wollen wieviel Satz?

B: 要 两 套， 多少 钱？
Yào liǎng tào, duōshao qián?
Wollen zwei Satz, wieviel Geld?

C: 一共 三 块 七 毛 六。
Yígòng sān kuài qī máo liù.
Insgesamt drei Kuai sieben Mao sechs.

B: 请 问， 这儿 可以 打电报 吗？
Qǐng wèn, zhèr kěyǐ dǎ diànbào ma?
Bitten fragen, hier können telegraphieren?

C: 打电报 在 那边。
Dǎdiànbào zài nàbiān.
Telegraphieren in dort drüben.

B: 谢谢!

Xièxie!

Danken!

Übersetzung:

A: Wem schickst du den Brief?

B: Meinem Vater.

A: Wie geht es ihm?

B: Sehr gut. Danke! Schickst du auch einen Brief?

A: Nein, ich kaufe Gedenkmarken. Mein jüngerer Bruder mag chinesische Briefmarken sehr.

B: Wo arbeitet dein Bruder?

A: Er arbeitet nicht, sondern studiert in Köln Geschichte.

A: Mein Herr, was kostet ein Brief nach Köln?

C: Ich wiege mal den Brief. Für diesen Brief sollen Sie Briefmarken im Werte von zwei Kuai kaufen, für diesen zwei Kuai vierzig.

A: Bitte, ich möchte noch zehn Briefumschläge kaufen.

C: Brauchen Sie auch Briefpapier?

A: Nein, danke!

C: Sie wünschen?

B: Ich kaufe Gedenkmarken.

C: Das sind die neuen Gedenkmarken. Wieviel Sätze möchten Sie?

B: Zwei Sätze. Wieviel kosten sie?

C: Insgesamt drei Kuai sieben Mao sechs.

B: Bitte könnten Sie mir sagen, ob man hier telegraphieren kann?

C: Dort drüben kann man telegraphieren.

B: Danke!

II. Vokabeln:

在	**zài**	in; auf; an
邮局	**yóujú**	Post
给	**gěi**	geben; (Dativpräfix)
寄(信)	**jì(xìn)**	(Brief) schicken
信	**xìn**	Brief
父亲	**fùqin**	Vater
身体	**shēntǐ**	Körper; Gesundheit
买	**mǎi**	kaufen
纪念邮票	**jìniàn yóupiào**	Gedenkmarke
弟弟	**dìdi**	jüngerer Bruder
非常	**fēicháng**	sehr
喜欢	**xǐhuan**	mögen; etw. gern haben
邮票	**yóupiào**	Briefmarke
工作	**gōngzuò**	arbeiten
学习	**xuéxí**	lernen; studieren
历史	**lìshǐ**	Geschichte
往	**wǎng**	nach

贴	**tiē**	kleben
(贴邮票	**tiē yóupiào**	frankieren)
称	**chēng**	wiegen
封	**fēng**	(Zählwort)
信封	**xìnfēng**	Briefumschlag
信纸	**xìnzhǐ**	Briefpapier
新	**xīn**	neu
套	**tào**	Satz
一共	**yígòng**	insgesamt
这儿	**zhèr**	hier
打(电报)	**dǎ (diànbào)**	telegraphieren
电报	**diànbào**	Telegramm
那边	**nàbiān**	dort drüben

III. Erläuterungen:

1. Die Wörter "在", "给", "往", die im Satz als Präposition gebraucht werden und dabei zusammen mit ihrem Objekt Adverbialbestimmungen bilden, sollen vor Verben stehen. Wie z. B. "我在科隆工作。" **Wǒ zài Kēlóng gōngzuò**. (Ich arbeite in Köln.) "我给父亲写信。" **Wǒ gěi fùqin xiě xìn.** (Ich schreibe an meinen Vater.) "他给中国寄信。" **Tā gěi Zhōngguó jì xìn.** (Er schickt einen Brief nach China.)

2. Wenn das Wort "在" im Satz als Präposition gebraucht wird, sollen Ortsbestimmungen "这儿" **zhèr** (hier) "那儿"

nàr (dort) hinter seinem Objekt ergänzt werden, vorausgesetzt, daß das Objekt Person oder Personalpronomen darstellt. Z. B. “我在施密特那儿吃饭。” **Wǒ zài Shīmìtè nàr chīfàn.** (Ich nehme bei Schmidt eine Mahlzeit ein.) “他在这儿喝茶。” **Tā zài zhèr hē chá.** (Er trinkt bei mir Tee.)

IV. Übungen:

1. Setzen Sie ein:
   1) 他在科隆工作。(银行换钱;邮局寄信;办公室打电话;朋友那儿吃饭;北京大学学习;办公室看报;中国朋友那儿吃饺子)
   2) 我给父亲寄信。(朋友写信;妻子打电报;朋友买啤酒)
2. Beantworten Sie folgende Fragen:
   1) 你父亲在哪儿工作?
   2) 你在哪儿换钱?
   3) 明天你在哪儿吃饭?
   4) 今天晚上你在谁那儿喝茶?
3. Versuchen Sie, mit folgenden Wörtern Sätze zu bilden:
   如: 在银行　换钱
   A. 你在哪儿换钱?　　B. 我在银行换钱。
   1) 在办公室　喝茶　　2) 在施密特那儿　工作
   3) 给母亲　寄包裹　　4) 往中国　打长途电话

V. Wir lernen schreiben:

在	一 ナ 𠂇 才 存 在	
哪	口	丶 冂 口
	冄	㇆ ヨ 彐 冄
	阝	㇋ 阝
工	一 丅 工	
作	亻	丿 亻
	乍	𠂉 𠂇 乍 乍

Lektion 7

问 路
Wèn Lù
Nach dem Weg fragen

I. Gespräch:

A:	劳驾，	去	中国	银行	怎么	走?
	Láojià,	**qù**	**Zhōngguó**	**Yínháng**	**zěnme**	**zǒu?**
	Verzeihung,	zu	China	Bank	wie	gehen?
B:	一直	走，	再	往	右	拐
	Yìzhí	**zǒu,**	**zài**	**wǎng**	**yòu**	**guǎi**
	Geradeaus	gehen,	wieder	nach	rechts	biegen
	就	到	了。			
	jiù	**dào**	**le.**			
	gleich	kommen	(Finalpartikel).			
A:	远	不	远?			
	Yuǎn	**bù**	**yuǎn?**			
	Weit	nicht	weit?			
B:	不	远，	很	近。		
	Bù	**yuǎn,**	**hěn**	**jìn.**		
	Nicht	weit,	sehr	nah.		

A: 谢谢!

Xièxie!

Danken!

B: 不 谢!

Bú xiè!

Nicht danken!

* * *

A: 请 问, 从 这儿 到 北京 饭店

Qǐng wèn, cóng zhèr dào Běijīng Fàndiàn?

Bitten fragen, von hier zu Beijing Hotel

坐 什么 车?

zuò shénme chē?

sitzen was Wagen?

B: 坐 1 路 公共 汽车。

Zuò yī lù gōnggòng qìchē.

Sitzen eins Linie öffentlich Auto.

A: 在 什么 地方 下车?

Zài shénme dìfang xiàchē?

In was Ort aussteigen?

B: 在 王府井 下车, 马路 对面

Zài Wángfǔjǐng xiàchē, mǎlù duìmiàn

In Wangfujing aussteigen, Straße gegenüber

就 是。

jiù shì.

gleich sein.

A: 麻烦 你 了。

Máfan nǐ le.

Stören du.

B: 没 什么。

Méi shénme.

Nicht was.

* * *

A: 先生，打听 一下，3 3 2

Xiānsheng, dǎting yíxià, sān sān èr

Herr, sich erkundigen einmal, 332

路 汽车站 在 哪儿？

lù qìchēzhàn zài nǎr?

Linie Haltestelle in wo?

B: 您 要 去 哪儿？

Nín yào qù nǎr?

Sie wollen gehen wo?

A: 友谊 宾馆。

Yǒuyì Bīnguǎn.

Freundschaft Hotel.

B: 这儿 没 有 332 路，要

Zhèr méi yǒu sān sān èr lù, yào

Hier nicht haben 332 Linie, sollen

先 到 动物园，在 那儿

xiān dào Dòngwùyuán, zài nàr

zuerst kommen Zoo, in dort

换 332 路。

huàn sān sān èr lù.

Wechseln 332 linie.

A: 去 动物园 怎么 坐 车?

Qù Dòngwùyuán zěnme zuò chē?

Zu Zoo wie sitzen Wagen?

B: 从 这儿 坐 103 路 无轨 电车

Cóng zhèr zuò yāo líng sān lù wúguǐ diànchē

Von hier sitzen 103 Linie Trolleybus

或者 15 路 公共 汽车 都 行。

huòzhě shíwǔ lù gōnggòng qìchē dōu xíng.

oder 15 Linie öffentlich Auto all es geht.

A: 麻烦 你 了。

Máfan nǐ le.

Stören du.

B: 不 客气。

Bú kèqi.

Nicht höflich.

Übersetzung:

A: Entschuldigung, wie geht man zur Bank of China?

B: Geradeaus, dann nach rechts und Sie sind da.

A: Ist es weit von hier?

B: Nicht weit, ganz in der Nähe.

A: Danke.

B: Nichts zu danken.

* * *

A: Bitte schön, wie fährt man von hier zum Beijing-Hotel?

B: Man kann mit dem Bus Nummer 1 fahren.

A: Wo soll ich aussteigen?

B: In der Wangfujing-Straße. Das Hotel liegt gleich gegenüber.

A: Entschuldigen Sie die Störung.

B: Keine Ursache.

* * *

A: Mein Herr, darf ich fragen, wo die Bushaltestelle der Linie 332 ist?

B: Wohin wollen Sie fahren?

A: Zum Freundschaftshotel.

B: Der Bus 332 fährt hier nicht vorbei. Zuerst muß man zum Zoo fahren, und dann in den 332 umsteigen.

A: Wie fährt man zum Zoo?

B: Man kann von hier aus mit dem Trolleybus 103 oder mit dem Bus 15 fahren.

A: Entschuldigen Sie die Störung.

B: Keine Ursache.

III. Erläuterungen:

"从…到…" **cóng…dào…** (von... zu oder nach...) ist ein gemeingebräuchlicher Satzbau, bezeichnet eine bestimmte Zeit oder ein bestimmtes Ziel. Z. B.: "从这儿到北京饭店很近。" **Cóng zhèr dào Běijīng Fàndiàn hěn jìn.** (Von hier zum Beijing-Hotel ist es sehr nah.) "从八点到十二点工作。" **Cóng bā diǎn dào shíèr diǎn gōngzuò.** (Man arbeitet von acht bis zwölf Uhr.) Das Wort "一下" (einmal, kurz) drückt aus, daß die Handlung in ganz kurzer Zeit beendet ist. Z. B: "请你等一下。" **Qǐng nǐ děng yíxià.** (Einen Moment, bitte.) "请您填一下兑换单。" **Qǐng nín tián yíxià duìhuàndān.** (Bitte, füllen Sie das Formular aus.)

II. Vokabeln:

问	**wèn**	fragen (nach)
路	**lù**	Weg; Straße; (Bus) Linie
怎么	**zěnme**	wie
走	**zǒu**	gehen
一直(走)	**yìzhí(zǒu)**	geradeaus (gehen)
(往右)拐	**(wàng yòu) guǎi**	(nach rechts) abbiegen
就	**jiù**	dann; gleich
到	**dào**	gelangen; nach (... hin);

		sich (an einen Ort) begeben
远	**yuǎn**	weit
近	**jìn**	nah
不谢	**búxiè**	nichts zu danken
坐	**zuò**	fahren (mit)
车	**chē**	Wagen
公共汽车	**gōnggòng qìchē**	Bus
下车	**xiàchē**	aussteigen
马路	**mǎlù**	Straße
对面	**duìmiàn**	gegenüber
麻烦	**máfan**	belästigen; stören
没什么	**méi shénme**	keine Ursache
打听	**dǎting**	sich erkundigen
汽车站	**qìchēzhàn**	Haltestelle
友谊	**yǒuyì**	Freundschaft
宾馆	**bīnguǎn**	Hotel
先	**xiān**	zuerst
动物园	**dòngwuyuán**	Zoo
换(车)	**huàn(chē)**	umsteigen
从	**cóng**	von
无轨电车	**wúguǐ diànchē**	Trolleybus
或者	**huòzhě**	oder
都	**dōu**	all; ganz
行	**xíng**	es geht

IV. Übungen:

1. Setzen Sie ein:

 1)去中国银行怎么走?

 (去北京大学 坐车;这个兑换单 填;用马克换人民币 换;这个汉字 写)

 2)从这儿到北京饭店很远。

 (北京饭店 中国银行 很近;北京大学 动物园 坐 332 路公共汽车;下午两点 下午五点 工作;星期六 星期日 休息;十月 十二月 去旅行)

 3)请你等一下。

 (写;说;看;填;问;打听)

2. Bitte antworten Sie mit den angegebenen Wörtern:

 1) 你什么时候在家?(从…到…)

 2)从中国银行到邮局远不远?(近)

 3)你们什么时候去旅行?(从…到…)

 4)从这儿去施密特家怎么走?(坐……车)

V. Wir lernen schreiben:

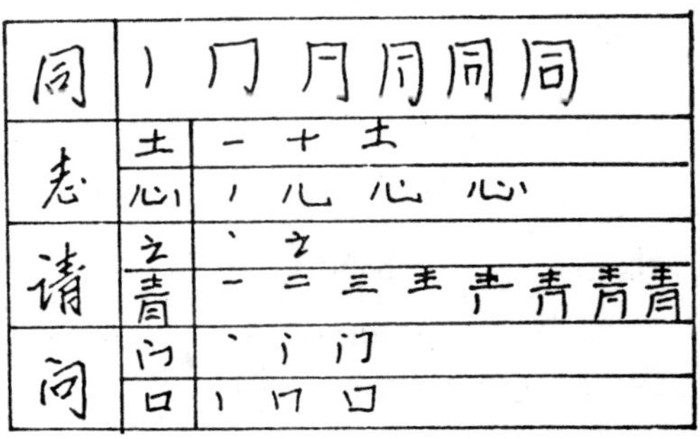

Lektion 8

买食品

Măi Shípĭn

Eßwaren einkaufen

I. Gespräch:

A:	您	买	点儿	什么?		
	Nín	**măi**	**diănr**	**shénme?**		
	Sie	kaufen	ein bißchen	was?		
B:	这	种	桔子	是	酸	的
	Zhè	**zhŏng**	**júzi**	**shì**	**suān**	**de**
	Dies	Art	Mandarine	sein	sauer	(Genitivsuffix)
	还	是	甜	的?		
	hái	**shì**	**tián**	**de?**		
	oder	sein	süß?			
A:	是	甜	的.			
	Shì	**tián**	**de.**			
	sein	süß.				
B:	多少	钱	一	公斤?		
	Duōshao	**qián**	**yì**	**gōngjīn?**		
	Wieviel	Geld	eins	Kilo?		

A: 大 的 一 块 四，小 的 一
Dà de yí kuài sì, xiǎo de yí
Groß eins Yuan vier, klein eins
块 二。您 要 大 的 还是 要
kuài èr. Nín yào dà de háishì yào
Yuan zwei. Sie wollen groß oder wollen
小 的？
xiǎo de?
klein ?

B: 来 三 公斤 大 的 吧！
Lái sān gōngjīn dà de ba!
Kaufen drei Kilo groß (Schlußpartikel)!

A: 一共 四 块 二。您 这 是
Yígòng sì kuài èr. Nín zhè shì
Insgesamt vier Yuan zwei. Sie dies sein
五 块，找 您 八 毛。
wǔ kuài, zhǎo nín bā máo.
fünf Yuan, zurückgeben Sie acht Mao.

B: 香蕉 怎么 卖？
Xiāngjiāo zěnme mài?
Banane wie verkaufen?

A: 一 块 八 一 公斤。
Yí kuài bā yì gōngjīn.
Eins Yuan acht eins Kilo.

B: 太 贵 了。
Tài guì le.
Zu teuer (Finalpartikel).

* * *

A: 这 土豆 一 公斤 多少 钱?
Zhè tǔdòu yì gōngjīn duōshao qián?
Dies Kartoffel eins Kilo wieviel Geld?

B: 一 块 钱 四 公斤。 您 来 多少?
Yí kuài qián sì gōngjīn. Nín lái duōshao?
Eins Yuan Geld vier Kilo. Sie kaufen wieviel?

A: 来 五 毛 钱 的。
Lái wǔ máo qián de.
Kaufen fünf Mao Geld.

B: 这 西红柿 又 新鲜 又 便宜。
Zhè xīhóngshì yòu xīnxiān yòu piányi.
Dies Tomate sowohl frisch als auch billig.
不 来 点儿 吗?
Bù lái diǎnr ma?
Nicht kaufen ein bißchen (Fragepartikel)?

A: 来 两 公斤 吧, 要 红 的。
Lái liǎng gōngjīn ba, yào hóng de.
Kaufen zwei Kilo, wollen rot.

B: 一共 两 块 二。
Yígòng liǎng kuài èr.
Insgesamt zwei Yuan zwei.

A: 给 你 钱。
Gěi nǐ qián.
Geben du Geld.

B: 您	的	钱	正好。
Nín	**de**	**qián**	**zhènghǎo.**
Sie		Geld	gerade richtig.

Übersetzung:

A: Was möchten Sie haben?

B: Sind die Mandarinen sauer oder süß?

A: Süß.

B: Wieviel kostet ein Kilo?

A: Die größeren Mandarinen kosten pro Kilo ein Yuan vierzig Fen, die kleinen ein Yuan zwanzig Fen. Wollen Sie die großen oder die kleinen?

B: Ich kaufe drei Kilo große.

A: Insgesamt vier Yuan zwanzig Fen. Das sind fünf Yuan, ich gebe Ihnen acht Mao zurück.

B: Was kosten die Bananen?

A: Ein Yuan achtzig Fen pro Kilo.

B: Zu teuer!

* * *

A: Wieviel kostet ein Kilo Kartoffel?

B: Vier Kilo Kartoffel kosten ein Yuan. Wieviel wollen Sie haben?

A: Ich nehme für fünfzig Fen.

B: Die Tomaten sind frisch und billig. Wollen Sie welche?

A: Ja, zwei Kilo, aber rote.

B: Macht zwei Yuan zwanzig.

A: Hier, bitte.

B: Stimmt genau.

II. Vokabeln:

食品	**shípǐn**	Eßwaren, Lebensmittel
点儿	**diǎnr**	ein bißchen
种	**zhǒng**	Art; Sorte
桔子	**júzi**	Mandarine
酸	**suān**	sauer
还是	**háishì**	oder (bei Alternativfragen)
甜	**tián**	süß
公斤	**gōngjīn**	Kilogramm
大	**dà**	groß
小	**xiǎo**	klein
来	**lái**	kommen; kaufen
找(钱)	**zhǎo (qián)**	(Kleingeld) herausgeben
香蕉	**xiāngjiāo**	Banane
卖	**mài**	verkaufen
太	**tài**	zu
贵	**guì**	teuer
土豆	**tǔdòu**	Kartoffel
西红柿	**xīhóngshì**	Tomate

又…又	**yòu…yòu**	sowohl…als auch
新鲜	**xīnxiān**	frisch
便宜	**piányi**	billig
红	**hóng**	rot
正好	**zhènghǎo**	gerade; gerade richtig

III. Erläuterungen:

1. Mit dem Wort “还是” (oder) gebildete Fragesätze heißen alternative Interrogativsätze. Z. B: “你去还是不去?” **Nǐ qù háishì bú qù?** (Kommst du mit oder nicht?). “你吃饺子还是吃米饭?” **Nǐ chī jiǎozi háishì chī mǐfàn?** (Ißt du Jiaozi oder Reis?) “你要大的还是要小的?” **Nǐ yào dà de háishì yào xiǎo de?** (Willst du große oder kleine?) Heißt das Verb im alternativen Fragesatz “是” (sein), kann man das Verb “是” (sein) hinter dem Wort “还是” (oder) weglassen. Z. B.: “这是昨天的报还是今天的报?” **Zhè shì zuótiān de bào háishì jīntiān de bào?** (Ist das die Zeitung von gestern oder von heute?) “这桔子是酸的还是甜的?” **Zhè júzi shì suān de háishì tián de?** (Sind diese Mandarinen sauer oder süß?)

2. Wenn an Substantiv, Adjektiv oder Personalpronomen “的” (Genitivsuffix) angehängt wird, bildet es ein neues Wort. Z. B: “这张报是今天的。” **Zhè zhāng bào shì jīntiān de.** (Diese Zeitung ist von heute.) “这张报是我的。” **Zhè**

zhāng bào shì wǒ de. (Diese Zeitung ist meine.) “这桔子是甜的。” **Zhè júzi shì tián de.** (Die Mandarine ist süß.)

IV. Übungen:

1. Setzen Sie ein:

   你去还是不去?(去银行 去邮局;寄信 买邮票;换人民币 换马克;买香蕉 买桔子;买土豆 买西红柿;坐公共汽车 坐无轨电车;喜欢吃辣的 喜欢吃甜的)

2. Ergänzen Sie die folgenden Dialoge:

   A. 你买什么?

   B. ________,________

   A. 大的一斤一块五,小的一斤一块二。

   B. ________________

   A. 一共两块四。

   B. ________________

   A. 您的钱正好。

V. Wer lernen schreiben:

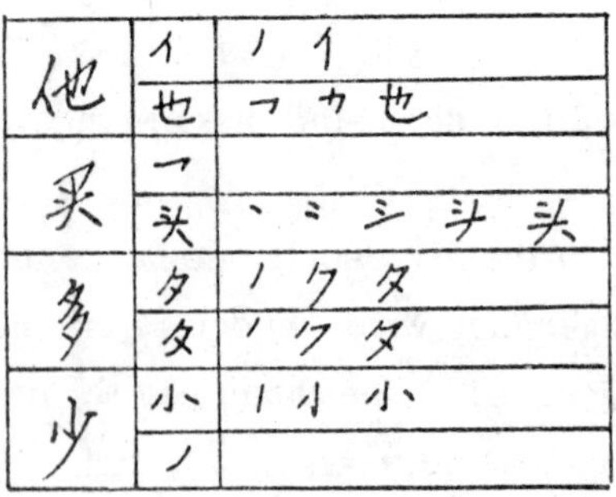

Lektion 9

在洗衣店

Zài Xǐyī Diàn

In der Reinigung

I. Gespräch:

A:	您	来	了,	您	洗	什么?	
	Nín	**lái**	**le,**	**nín**	**xǐ**	**shénme?**	
	Sie	kommen	(Finalpartikel),	Sie	waschen	was?	
B:	我	要	洗	一	套	西服。	
	Wǒ	**yào**	**xǐ**	**yí**	**tào**	**xīfú.**	
	Ich	wollen	waschen	ein	Satz	Anzug.	
A:	好	的。					
	Hǎo	**de.**					
	Gut	(HV für AZ).					
B:	这	条	裤子	太	脏	了,	能
	Zhè	**tiáo**	**kùzi**	**tài**	**zāng**	**le,**	**néng**
	Dies	(Zählwort)	Hose	zu	schmutzig,		können

洗	干净	吗?
xǐ	**gānjìng**	**ma?**
waschen	sauber	(Fragepartikel)?

A: 我 看看。

Wǒ kànkan.

Ich sehen.

B: 这儿 有 一 块 油，能 洗掉 吗？

Zhèr yǒu yí kuài yóu, néng xǐdiào ma?

Hier haben ein Stück Öl, können abwaschen?

A: 没 问题。

Méi wènti.

Kein Problem.

B: 那 太 好 了。 什么 时候 取？

Nà tài hǎo le. Shénme shíhou qǔ?

Dann zu gut. Was Zeit abholen?

A: 下 星期三。 这 是 取衣单。

Xià xīngqīsān. Zhè shì qǔyīdān.

Nächst Mittwoch. Das sein Wäscheabholquittung.

B: 在 哪儿 交 钱？

Zài nǎr jiāo qián?

In wo geben Geld?

A: 取 衣服 的 时候，在 这儿 交。

Qǔ yīfu de shíhou, zài zhèr jiāo.

Abholen Wäsche (Genitivsuffix) Zeit, in hier geben.

* * *

B: 我 的 西服 洗 好 了 吗?

Wǒ de xīfú xǐ hǎo le ma?

Ich Anzug waschen gut?

A: 您 带 取衣单 了 吗?

Nín dài qǔyīdān le ma?

Sie nehmen Wäscheabholquittung?

B: 哎呀, 忘 了。

Āiya, wàng le.

Oh, vergessen.

A: 您 的 西服 是 什么 颜色 的?

Nín de xīfú shì shénme yánsè de?

Sie Anzug sein was Farbe?

B: 是 黑 的。

Shì hēi de.

Sein schwarz.

A: 这 是 您 的 吗?

Zhè shì nín de ma?

Das sein Sie?

B: 对, 太 麻烦 您 了。

Duì, tài máfan nín le.

Richtig, zu belästigen Sie.

A: 没 什么。

Méi shénme.

Nicht was.

B: 给 您 钱。

Gěi nín qián.

Geben Sie Geld.

A: 谢谢! 欢迎 您 再 来。

Xièxie! Huānyíng nín zài lái.

Danken! Begrüßen Sie wieder kommen.

Übersetzung:

A: Guten Tag. Was wollen Sie reinigen lassen?

B: Einen Anzug.

A: Gut.

B: Die Hose ist sehr schmutzig. Ist der Schmutz leicht zu beseitigen?

A: Ich sehe mal.

B: Hier gibt es einen Fettfleck. Kann man ihn entfernen?

A: Kein Problem.

B: Ah, sehr gut. Wann kann ich den Anzug abholen?

A: Am nächsten Mittwoch, hier ist die Quittung.

B: Wo ist die Kasse?

A: Beim Abholen können Sie hier zahlen.

* * *

B: Ist mein Anzug schon gereinigt?

A: Haben Sie die Quittung bei sich?

B: Oh, die habe ich vergessen.

A: Welche Farbe hat Ihr Anzug?

B: Schwarz.

A: Ist das Ihr Anzug?

B: Genau, vielen Dank für Ihre Bemühungen!

A: Gern geschehen.

B: Hier ist das Geld.

A: Danke! Es freut uns sehr, wenn Sie wieder zu uns kommen.

II. Vokabeln:

洗衣店	**xǐyīdiàn**	Reinigung; Wäscherei
洗	**xǐ**	waschen
西服	**xīfú**	Anzug
裤子	**kùzi**	Hose
脏	**zāng**	schmutzig
能	**néng**	können
干净	**gānjìng**	sauber
油	**yóu**	Fettfleck
洗掉	**xǐdiào**	abwaschen
没问题	**méi wènti**	kein Problem
那	**nà**	dann; nun
取	**qǔ**	abholen
下	**xià**	nächst
取衣单	**qǔyīdān**	Wäscheabholquittung
交(钱)	**jiāo (qián)**	(Geld) aushändigen; zahlen

衣服	**yīfu**	Kleidung; Wäsche
带	**dài**	mitnehmen; etw. bei sich haben
(洗)好	**(xǐ) hǎo**	fertig (gewaschen) sein
哎呀	**āiya**	Oje; Ah; Meine Güte (Interjektion)
忘	**wàng**	vergessen
颜色	**yánsè**	Farbe
黑	**hēi**	schwarz
欢迎	**huānyíng**	begrüßen; willkommen heißen

III. Erläuterungen:

Im chinesischen Satz wird das Wort "好" hinter dem Verb oder Abjektiv als „Ergänzungswort" gebraucht; das Wort "好" hinter einem Verb drückt ein Ergebnis der Handlung aus und wird deshalb im Satz als „Ergänzungswort zum Ausdruck des Ergebnisses" gebraucht. Z. B. "您的衣服洗好了。" **Nín de yīfu xǐ hǎo le.** (Ihre Wäsche ist schon fertig gewaschen). Im verneinenden Satz wird gewöhnlich das Wort "没有"(nicht) eingesetzt, z. B. "您的衣服没有洗好。" **Nín de yīfu méiyǒu xǐhǎo.** (Ihre Wäsche ist noch nicht fertig gewaschen.)

IV. Übungen:

1. Lesen Sie:

洗好了—没洗好　　　贴好了—没贴好

洗干净了—没洗干净　填好了—没填好

洗掉了—没洗掉　　　写好了—没写好

2. Versuchen Sie, aus folgenden Wörtern Sätze mit den Ergänzungswörtern“好”,“干净” zu bilden. Beispiel: 衣服 洗 施密特先生的衣服洗好了。

1)邮票 贴 2)兑换单 填 3)信 写

4)钱 换 5)裤子 洗

3. Beantworten Sie folgende Fragen:

1) 给米勒先生的信写了吗?(写)

2) 你填兑换单了吗?(填)

V. Wir lernen schreiben:

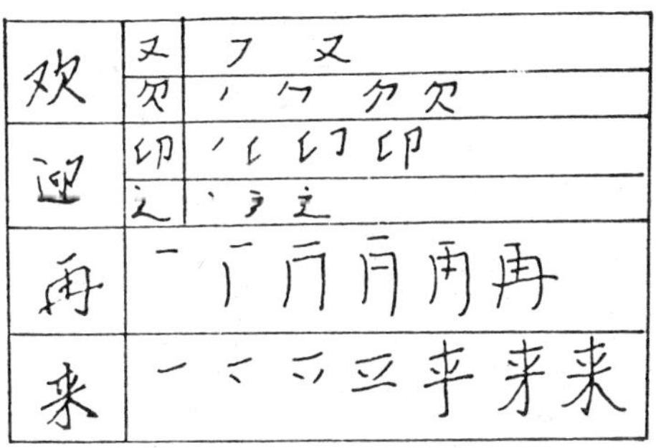

Lektion 10

买衣裳

Mǎi Yīshang

Kleidung einkaufen

I. Gespräch:

A:	请问,	哪儿	卖	皮大衣?
	Qǐngwèn,	**nǎr**	**mài**	**pídàyī?**
	Bitten fragen,	wo	verkaufen	Pelzmantel?
B:	友谊	商店	楼上。	
	Yǒuyì	**shāngdiàn**	**lóushàng.**	
	Freundschaft	Laden	oben.	
A:	谢谢!			
	Xièxie!			
	Danken!			

* * *

A:	劳驾,	请	把	那
	Láojià,	**qǐng**	**bǎ**	**nà**
	Verzeihung,	bitten	(Strukturpartikel)	jener

件 皮大衣 拿来 看看。
jiàn pídàyī nálai kànkan.
Stück (Zählwort) Pelzmantel bringen sehen.

C: 是 这 件 吗?
Shì zhè jiàn ma?
Sein dies Stück (Fragepartikel)?

A: 对。 这 是 什么 皮 的?
Duì. Zhè shì shénme pí de?
Richtig. Dies sein was Pelz (Genitivsuffix)?

C: 貂 皮 的。
Diāo pí de.
Zobel Pelz.

A: 可以 试试 吗?
Kěyi shìshi ma?
Können anprobieren?

C: 当然 可以。
Dāngrán kěyǐ.
Natürlich können.

A: 这 件 有点儿 肥。 有 瘦
Zhè jiàn yǒudiǎnr féi. Yǒu shòu
Dies Stück ein bißchen weit. Haben eng
一点儿 的 吗?
yìdiǎnr de ma?
ein bißchen ?

C: 有。 这 件 怎么样?
Yǒu. Zhè jiàn zěnmeyàng?
Haben. Dies Stück wie?

A: 这 件 正 合适。我 还 要
Zhè jiàn zhèng héshì. Wǒ hái yào
Dies Stück gerade passen. Ich noch wollen
一 条 围脖。
yì tiáo wéibó.
ein (Zählwort)Schal.

C: 您 要 什么 样儿 的?
Nín yào shénme yàngr de?
Sie wollen was Schnitt ?

A: 颜色 浅 一点儿 的。
Yánsè qiǎn yìdiǎnr de.
Farbe hell ein bißchen.

C: 这 条 狐 皮 的。您 看
Zhè tiáo hú pí de. Nín kàn
Dies (Zählwort) Fuchs Pelz. Sie sehen
怎么样?
zěnmeyàng?
wie?

A: 颜色 很 好看。我 要 这 条。
Yánsè hěn hǎokàn. Wǒ yào zhè tiáo.
Farbe sehr hübsch. Ich wollen dies.

C: 还 要 别的 吗?
Hái yào biéde ma?
Noch wollen andere ?

A: 不 要 了。
Bú yào le.
Nicht wollen (Finalpartikel).

C:	请	到	那边	交钱。
	Qǐng	**dào**	**nàbiān**	**jiāoqián.**
	Bitten	gehen	dort	zahlen.

Übersetzung:

A: Bitte können Sie mir sagen, wo Pelzmäntel zu kaufen sind?

B: Oben im Freundschaftsladen.

A: Danke!

* * *

A: Würden Sie mir bitte jenen Pelzmantel zeigen!

C: Ist das dieser?

A: Genau. Aus welchem Pelz?

C: Zobelpelz.

A: Darf ich ihn anprobieren?

C: Selbstverständlich.

A: Dieser ist ein bißchen weit für mich. Gibt es noch einen engeren?

C: Ja. Probieren Sie mal diesen an!

A: Dieser paßt mir gut. Ich möchte noch einen Schal kaufen.

C: Was für einen Schal wollen Sie haben?

A: Einen hellen.

C: Dieser Schal ist aus Fuchspelz. Wie gefällt er Ihnen?

A: Die Farbe ist sehr hübsch. Ich nehme diesen.

C: Wünschen Sie noch etwas?

A: Nein, das wär's.

C: Bitte zahlen Sie dort drüben an der Kasse.

II. Vokabeln:

衣裳	**yīshang**	Kleidung
皮大衣	**pídàyī**	Pelzmantel
商店	**shāngdiàn**	Laden; Geschäft
楼上	**lóushàng**	oben (im Haus)
件	**jiàn**	Stück (Zählwort)
把	**bǎ**	(Strukturpartikel)
拿来	**nálai**	hernehmen
皮	**pí**	Leder; Pelz
貂皮	**diāopí**	Zobelpelz
试	**shì**	anprobieren
当然	**dāngrán**	natürlich
有点儿	**yǒudiǎnr**	ein bißchen (meist bei Unangenehmen)
肥	**féi**	weit (z.B. Kleider, Hose, Schuhe)
瘦	**shòu**	eng
一点儿	**yìdiǎnr**	ein bißchen
狐皮	**húpí**	Fuchspelz

正	**zhèng**	gerade; genau
合适	**héshì**	passend; angebracht
围脖	**wéibó**	Schal
样儿	**yàngr**	Form; Schnitt
(什么样儿	**shénme yàngr**	was für ein)
(颜色)浅	**(yánsè)qiǎn**	(Farbe) hell
条	**tiáo**	Stück (Zählwort für Hose, Halstuch u. a.)
(颜色)深	**(yánsè)shēn**	(Farbe) dunkel
好看	**hǎokàn**	hübsch
换成	**huànchéng**	etw. in etw. umtauschen; umwechseln

III. Erläuterungen:

Wenn man das Ergebnis einer Handlung, mit der man bezweckt, eine Sache zu erledigen, betont, wird die Strukturpartikel "把" **bǎ** im Satz gebraucht. Z. B: "请把那件皮大衣拿来看看。" **Qǐng bǎ nà jiàn pídàyī ná lái kànkan.** (Bitte zeigen Sie mir jenen Pelzmantel.) "请把这条裤子洗干净。" **Qǐng bǎ zhè tiáo kùzi xǐ gānjìng.** (Bitte waschen Sie die Hose sauber.) Im verneinenden Satz stehen die Verneinungswörter "不" **bù** (nicht) oder "没" **méi** (nicht haben oder kein) vor dem Strukturpartikel "把"。Z. B. "他

没把皮大衣给我。" **Tā méi bǎ pídàyī gěi wǒ.** (Er hat mir keinen Pelzmantel gezeigt.)"他没把这条裤子洗干净。" **Tā méi bǎ zhè tiáo kùzi xǐ gānjìng.** (Er hat die Hose nicht sauber gewaschen.)

IV. Übungen:

1. Lesen Sie:
   1) 请把那件皮大衣拿来看看。
   (那张报 给我;人民币 换成 **huànchéng** 马克;邮票 贴好;这张兑换单 填好;这块油 洗掉;那条围脖 拿来看看)
   2) 这件皮大衣有点儿肥。我要瘦一点儿的。
   (这件衣服 脏 干净;这条围脖 贵 便宜;这条裤子 大小)
2. Beantworten Sie mit dem Wort "有点儿 **yǒudiǎnr** (ein bißchen)" folgende Fragen:
   1) 这套西服合适吗?
   2) 你喜欢这个菜吗?
   3) 这种桔子的味道怎么样?
3. Ergänzen Sie folgenden Dialog (eine Hose kaufen):
   A: ________________
   B: 是这条吗?
   A: ________________
   B: 有,这条合适不合适?
   A: ________________我要这条。

V. Wir lernen schreiben:

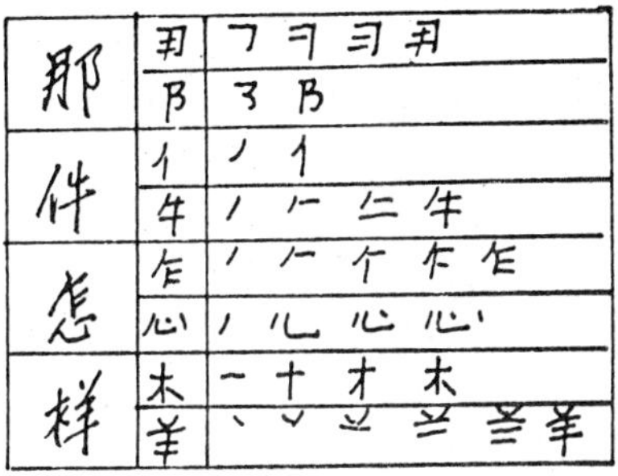

Lektion 11

去 公 园

Qù Gōngyuán

In den Park gehen

I. Gespräch:

A:	明天	是	星期六	了,	我们
	Míngtiān	**shì**	**xīngqīliù**	**le,**	**wǒmen**
	Morgen	sein	Samstag	(Finalpartikel),	wir

出去	玩玩儿	好	吗?
chūqu	**wánrwanr**	**hǎo**	**ma?**
ausgehen	spielen	gut	(Fragepartikel)?

B:	好	啊!
	Hǎo	**ā!**
	Gut	(Interjektion)!

A:	现在	北京	什么	地方	最	好玩儿?
	Xiànzài	**Běijīng**	**shénme**	**dìfang**	**zuì**	**hǎowánr?**
	Jetzt	Beijing	was	Ort	(Superlativ)	interessant?

B: 香山。

Xiāngshān.

Duftender Berg.

A: 为什么?

Wèi shénme?

Warum?

B:

山	上	枫树	的	叶子	都
Shān	**shàng**	**fēngshù**	**de**	**yèzi**	**dōu**
Berg	oben	Ahorn	(Genitivsuffix)	Blatt	ganz

红	了,	非常	好看。
hóng	**le,**	**fēicháng**	**hǎokàn.**
rot,		sehr	hübsch.

A:

香山	高	不	高?
Xiāngshān	**gāo**	**bù**	**gāo?**
Duftender Berg	hoch	nicht	hoch?

B:

非常	高。
Fēicháng	**gāo.**
Sehr	hoch.

A:

太	好 了,	我	夫人	最	喜欢	爬
Tài	**hǎo le,**	**wǒ**	**fūren**	**zuì**	**xǐhuan**	**pá**
Zu	gut,	ich	Frau		lieben	klettern

山。	明天	怎么	去?
shān	**Míngtiān**	**zěnme**	**qù?**
Berg.	Morgen	wie	gehen?

B:

如果	刮	风	就	坐	车	去。
Rúguǒ	**guā**	**fēng**	**jiù**	**zuò**	**chē**	**qù.**
Wenn	wehen	Wind	dann	fahren (mit)	Bus	gehen.

如果	好	天儿	就	骑	自行车	去。
Rúguǒ	**hǎo**	**tiānr**	**jiù**	**qí**	**zìxíngchē**	**qù.**
Falls	gut	Wetter	dann	fahren (mit)	Fahrrad	gehen.

A: 好， 明天 要 带 午饭 吗？
Hǎo， míngtiān yào dài wǔfàn ma?
Gut， morgen sollen mitnehmen Mittagessen？

B: 不用， 那儿 有 个 饭店，
Búyòng， nàr yǒu ge fàndiàn，
Nicht nötig， dort haben （Zählwort） Restaurant，
菜 的 味道 还 不错。
cài de wèidao hái búcuò.
Speise Geschmack noch nicht schlecht.

A: 明天 早上 几 点 走？
Míngtiān zǎoshang jǐ diǎn zǒu?
Morgen früh wieviel Uhr gehen?

B: 早 一点儿， 八 点 怎么样？
Zǎo yìdiǎnr， bā diǎn zěnmeyàng?
Früh ein bißchen， acht Uhr wie?

A: 太 早 了， 九 点 好 吗？
Tài zǎo le， jiǔ diǎn hǎo ma?
Zu früh， neun Uhr gut?

B: 好 吧， 早上 九 点 你们
Hǎo ba， zǎoshang jiǔ diǎn nǐmen
Gut （Schlußpartikel）， morgen neun Uhr ihr
在 家 等 我。
zài jiā děng wǒ.
in Wohnung warten ich.

A: 明天 见！
Míngtiān jiàn!
Morgen sehen!

Übersetzung:

A: Morgen ist Samstag. Wie wäre es mit einem Ausflug?

B: Eine gute Idee.

A: Wo ist es derzeit in Beijing am schönsten?

B: Auf dem Duftenden Berg.

A: Weshalb?

B: Die Ahornblätter auf dem Berg sind rot geworden, das sieht schön aus.

A: Ist der Duftende Berg hoch?

B: Sehr hoch.

A: Prima, meine Frau klettert gerne auf Berge. Wie kommen wir morgen dorthin?

B: Wenn es windig ist, fahren wir mit dem Bus. Wenn das Wetter schön ist, fahren wir mit dem Rad.

A: Gut. Nehmen wir morgen das Mittagessen mit?

B: Das ist nicht nötig. Es gibt dort ein Restaurant, die Speisen dort sind nicht schlecht.

A: Wann gehen wir morgen früh los?

B: Lieber etwas früher; wie wäre es um acht Uhr?

A: Das ist zu früh. Wie wär's mit neun Uhr?

B: Gut! Morgen früh um neun Uhr wartet ihr zu Hause auf mich.

A: Bis morgen!

II. Vokabeln:

公园	**gōngyuán**	Park
明天	**míngtiān**	morgen
最	**zuì**	(Superlativ)
好玩儿	**hǎowánr**	interessant; unterhaltsam
为什么	**wèishénme**	warum
山	**shān**	Berg
上	**shàng**	oben
枫树	**fēngshù**	Ahorn
叶子	**yèzi**	Blatt
高	**gāo**	hoch
爬山	**páshān**	auf Berge klettern
刮风	**guāfēng**	windig
如果	**rúguǒ**	falls; wenn
好天儿	**hǎotiānr**	gutes Wetter
骑	**qí**	fahren; reiten
自行车	**zìxíngchē**	Fahrrad
下雨	**xiàyǔ**	regnen
午饭	**wǔfàn**	Mittagessen
不用	**búyòng**	etwas nicht brauchen; nicht nötig sein
饭店	**fàndiàn**	Restaurant; Hotel
不错	**búcuò**	nicht schlecht

早上	**zǎoshang**	Morgen; morgens; früh
早	**zǎo**	früh
家	**jiā**	Familie; Zuhause
明天见	**míngtiān jiàn**	bis morgen

III. Erläuterungen:

1. Die Sätze, in denen zwei oder mehr als zwei Verben gebraucht werden, werden als „Liandong"-Sätze bezeichnet. Z. B.:"我坐公共汽车去香山。" **Wǒ zuò gōnggòng qìchē qù xiāngshān.** (Ich fahre mit dem Bus zum Duftenden Berg.) "他用马克换人民币。" **Tā yòng mǎkè huàn Rénmínbì.** (Er tauscht D-Mark in Renminbi um.)

2. Der Finalparikel "了" steht am Ende des Satzes. Er drückt einen neuen Zustand und eine Änderung des Zustandes (auch bei Annahme) aus. Z. B: "下雨了。" **Xià yǔ le.** (Es regnet.) "明天是星期六了。" **Míngtiān shì xīngqīliù le.** (Morgen ist Samstag.) "叶子红了。" **Yèzi hóng le.** (Die Blätter sind rot geworden.) "如果明天还下雨就不去了。" **Rúguǒ míngtiān hái xiàyǔ jiù bú qù le.** (Wenn es morgen noch regnet, gehen wir nicht.)

IV. Übungen:

1. Setzen Sie ein:

我坐车去公园。(骑自行车 去邮局;坐公共汽车 去商店;用

马克 换人民币;用人民币 买东西;去北京饭店 吃饭;去中国 旅行)

2. Beatworten Sie mit “如果…就…” folgende Fragen:
   1) 你明天去不去布劳恩(Braun)家?
   2) 星期日你想去公园玩玩儿吗?
3. Ergänzen Sie mit passenden Wörtern folgende Sätze:
   明天是星期______,我们不______,想去布劳恩______玩玩儿。我们先给他打个______,问他明天______不______家。如果他明天不______,我们就______去了。

V. Wir lernen schreiben:

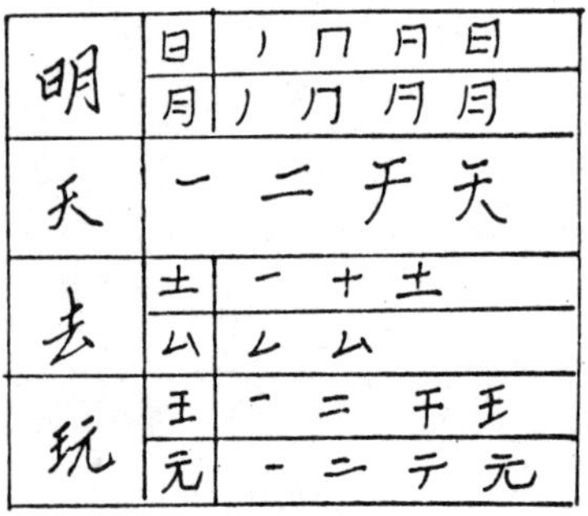

Lektion 12

参加晚会

Cānjiā Wǎnhuì

Bei einer Abendveranstaltung

I. Gespräch:

施密特: 今天 晚上 有 个 新年
Shīmìtè: Jīntiān wǎnshang yǒu ge xīnnián
Schmidt: Heute Abend haben (Zählwort) Neujahr

晚会。 你 参加 吗?
wǎnhuì. Nǐ cānjiā ma?
Abendveranstaltung. Du teilnehmen (Fragepartikel)?

布劳恩: 参加。 我 夫人 和 我 孩子
Bùláoēn: Cānjiā. Wǒ fūren hé wǒ háizi
Braun: Teilnehmen. Ich Frau und ich Kind

都 去。 你 呢?
dōu qù. Nǐ ne?
all gehen. Du (Fragepartikel)?

施: 我们 全 家 也 去。
Wǒmen quán jiā yě qù
Schmidt: Wir ganz Familie auch gehen.

* * *

施： 新年 好！
Xīnnián hǎo!
Schmidt: Neujahr gut!

主人： 新年 快乐！ 欢迎，
Zhǔrén Xīnnián kuàilè! Huānyíng,
Gastgeber: Neujahr freudig! Willkommen heißen,
欢迎！
huānyíng!
willkommen heißen!

施： 我们 和 你们 一起 过 年，
Wǒmen hé nǐmen yìqǐ guò nián,
Schmidt: Wir und ihr zusammen feiern Neujahr,
非常 高兴！
fēicháng gāoxìng!
sehr sich freuen!

主人： 来， 为 施密特 先生 和
Lái, wèi Shīmìtè xiānsheng hé
Gastgeber: Kommen, für Schmidt Herr und
夫人 的 健康 干杯！
fūren de jiànkāng gānbēi!
Frau (Genitivsuffix) Gesundheit austrinken!

布： 我们 来 晚 了， 请
Wǒmen lái wǎn le, qǐng
Braun: Wir kommen spät (Finalpartikel), bitten

原谅!
yuánliàng!
Entschuldigung!

主人: 没 关系, 晚会 刚
Méi guānxi, wǎnhuì gāng
Gastgeber: Kein Beziehung, Abendveranstaltung erst

开始。 为 布劳恩 先生 和
kāishǐ. Wèi Bùláoēn xiānsheng hé
beginnen. Für Braun Herr und

夫人 的 健康 干杯!
fūren de jiànkāng gānbēi!
Frau Gesundheit austrinken!

布: 谢谢! 祝 大家 节日 愉快!
Xièxie! zhù dàjiā jiérì yúkuài!
Braun: Danken! Wünschen alle Fest fröhlich!

施: 祝 大家 身体 健康!
Zhù dàjiā shēntǐ jiànkāng!
Schmidt: Wünschen alle Körper Gesundheit!

主人: 你们 的 中国话 说
Nǐmen de zhōngguóhuà shuō
Gastgeber: Ihr Chinesisch sprechen

得 不错。
de búcuò.
(HV für AZ des. Intensitätsgrades) nicht schlecht.

施: 哪里, 哪里! 只 会 说
Nǎli, nǎli! Zhǐ huì shuō
Schmidt: Wo, wo! Nur können sprechen

	一点儿，	说	得	不	好。
	yìdiǎnr,	**shuō**	**de**	**bù**	**hǎo.**
	ein bißchen,	sprechen		nicht	gut.

* * *

布：	今天	晚上	玩	得	很	高兴。
	Jīntiān	**wǎnshang**	**wánr**	**de**	**hěn**	**gāoxìng.**
Braun:	Heute	Abend	spielen		sehr	sich freuen.
施：	今天	晚上	过	得	很	愉快。
	Jīntiān	**wǎnshang**	**guò**	**de**	**hěn**	**yúkuài.**
Schmidt:	Heute	Abend	verbringen		sehr	fröhlich.
布：	谢谢	你们	的	热情	招待。	
	Xièxie	**nǐmen**	**de**	**rèqíng**	**zhāodài.**	
Braun:	Danken	ihr		herzlich	empfangen.	
主人：	你们	太	客气	了。		
	Nǐmen	**tài**	**kèqi**	**le.**		
Gastgeber:	Ihr	zu	höflich.			
施：	请	留步！				
	Qǐng	**liúbù!**				
Schmidt:	Bitten	„Schritt behalten“!				
主人：	你们	慢	走。			
	Nǐmen	**màn**	**zǒu.**			
Gastgeber:	Ihr	langsam	gehen.			

Übersetzung:

Schmidt: Heute abend gibt es eine Silvesterabendveranstaltung, nimmst du daran teil?

Braun: Ja, meine Frau und mein Kind gehen auch mit. Und du?

Schmidt: Meine ganze Familie geht hin.

* * *

Schmidt: Glückliches neues Jahr!

Gastgeber: Prosit Neujahr! Willkommen, willkommen!

Schmidt: Wir freuen uns sehr, zusammen mit euch Neujahr zu feiern.

Gastgeber: Laßt uns auf die Gesundheit von Frau und Herrn Schmidt trinken!

Braun: Entschuldigt bitte, daß wir spät kommen.

Gastgeber: Es macht nichts, die Abendveranstaltung hat gerade erst begonnen. Auf die Gesundheit von Frau und Herrn Braun!

Braun: Danke schön. Wir wünchen allen ein fröhliches Fest!

Schmidt: Wir wünschen allen Gesundheit!

Gastgeber: Ihr sprecht recht gut Chinesisch.

Schmidt: Ach, woher! Ich kann nur ein bißchen Chinesisch sprechen, und ich spreche nicht gut.

* * *

Braun: Heute abend war es sehr nett.

Schmidt: Wir haben einen schönen Abend verbracht.

Braun: Vielen Dank für die herzliche Aufnahme.

Gastgeber: Ihr seid zu höflich.

Schmidt: Macht euch bitte nicht die Mühe, uns hinauszubegleiten.

Gastgeber: Kommt gut nach Hause!

II. Vokabeln:

参加	**cānjiā**	teilnehmen
晚会	**wǎnhuì**	Abendveranstaltung
晚上	**wǎnshang**	Abend
新年晚会	**xīnnián wǎnhuì**	Silvesterabendveranstaltung
孩子	**háizi**	Kind
呢	**ne**	(Fragepartikel)
全	**quán**	ganz
新年好	**xīnnián hǎo**	glückliches neues Jahr
新年快乐	**xīnnián kuàilè**	prosit Neujahr
过年	**guònián**	Neujahr feiern
为	**wèi**	für

健康	**jiànkāng**	Gesundheit; gesund
干杯	**gānbēi**	prost; austrinken
晚	**wǎn**	spät
原谅	**yuánliàng**	entschuldigen; verzeihen
刚	**gāng**	eben; erst
开始	**kāishǐ**	beginnen; anfangen
祝	**zhù**	wünschen
大家	**dàjiā**	alle
节日愉快	**jiérì yúkuài**	fröhliches Fest
中国话	**zhōngguóhuà**	Chinesisch
说	**shuō**	sprechen
得	**de**	(HV für AZ der Fähigkeit, od. des Ereignisses oder des Intensitätsgrades)
哪里	**nǎlǐ**	Höflichkeitsfloskel: Keine Ursache! Gern Geschehen! (auf Dank hin); Ach woher! Keinesfalls! (auf Komplimente)
只	**zhǐ**	nur
玩儿	**wánr**	spielen; sich amüsieren
过	**guò**	verbringen; vorüber sein; verstreichen
愉快	**yúkuài**	fröhlich; froh
热情	**rèqíng**	herzlich
招待	**zhāodài**	empfangen; Aufnahme

客气	**kèqi**	höflich
留步	**liúbù**	sich den Weg sparen
慢走	**mànzǒu**	Höflichkeitsfloskel: gut nach Hause kommen; auf Wiedersehen

III. Erläuterungen:

1. Das Adjektiv, das hinter dem Verb steht, drückt das Ergebnis einer Handlung aus und wird als **Chéngdù Bǔyǔ** („Ergänzung zur Handlung“) bezeichnet. In diesem Zusammenhang wird das Hilfsverb “得(**dé**)”zwischen Adjektiv und Verb gebraucht und dient als adverbialer Zusatz des Ereignesses und des Intensitätsgrads. Z. B: “他的中国话说得很好。” **Tā de zhōngguóhuà shuō de hěn hǎo.** (Er spricht sehr gut Chinesisch.) Im verneinenden Satz steht das Verneinungswort “不” (nicht) vor dem Adjektiv, z. B: “他的中国话说得不好。” **Tā de zhōngguóhuà shuō de bù hǎo.** (Er spricht nicht gut Chinesisch.) Bei Fragestellung sagt man: “他的中国话说得好吗?” **Tā de zhōngguóhuà shuō de hǎo ma?** (Spricht er gut Chinesisch?) “他的中国话说得好不好?” **Tā de zhōngguóhuà shuō de hǎo bù hǎo?** (Spricht er gut Chinesisch oder nicht gut?) oder “他的中国话说得怎么样?” **Tā de zhōngguóhuà shuō de zěnmeyàng?** (Wie steht es mit seinem Chinesisch?)

2. “哪里” **Nǎlǐ** wird beim Antworten als Verneinungswort gebraucht und drückt Höflichkeit aus. Z. B.:

A:你学习得不错　　A: Du lernst nicht schlecht.

B:哪里,哪里。　　B: Ach, woher!

A:对不起,我来晚了。　　A: Verzeihung, ich komme spät.

B:哪里,你来得不晚。　　B: Keineswegs, du kommst nicht spät.

IV. Übungen:

1. Lernen Sie folgende Wortgruppen auswendig:

吃得很好	吃得不好	吃得好不好
写得很好	写得不好	写得好不好
走得很慢	走得不慢	走得慢不慢
洗得很干净	洗得不干净	洗得干净不干净
来得很晚	来得不晚	来得晚不晚
过得很愉快	过得不愉快	过得愉快不愉快
招待得很热情	招待得不热情	招待得热情不热情

2. Ergänzen Sie folgenden Dialog:

1) A: ________________

B: 哪里,哪里,你来得不晚。

2) A: ________________

B: 哪里,哪里,您太客气了。

3) A: ________________

B: 哪里,哪里,我的衣服不好看。

4) A: ________________

B: 哪里,我写得不好。

3．Beantworten Sie folgende Fragen：

1）你们在中国过得怎么样?

2）你为什么不去那个饭店吃饭了？

3）你们昨天在香山玩儿得怎么样?

V．Wir lernen schreiben：

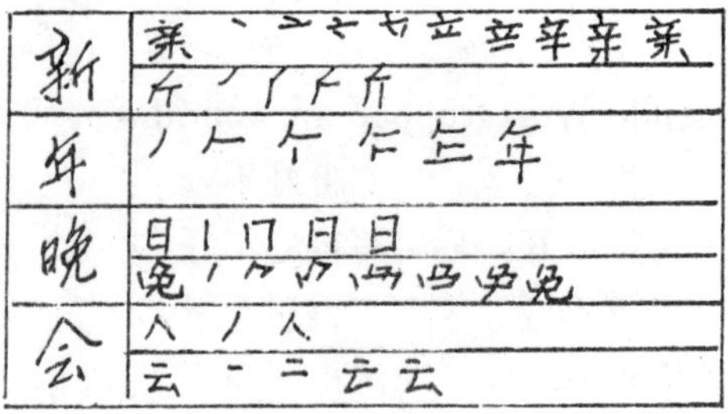

Lektion 13

谈天气
Tán Tiānqì
Über das Wetter

I. Gespräch:

A: 你 是 什么 时候 来 北京
Nǐ shì shénme shíhou lái Běijīng
Du sein was Zeit kommen Beijing
的?
de?
(HV zur Darstellung vollendeter Handlung)?

B: 是 去年 秋天 来 的。
Shì qùnián qiūtiān lái de.
Sein letztes Jahr Herbst kommen.

A: 正 是 旅游 的 好 时候。
Zhèng shì lǚyóu de hǎo shíhou.
Gerade sein Reise (Genitivsuffix) gut Zeit.

B: 可不是, 不 冷 不 热。
Kěbúshi, bù lěng bú rè.
Eben, nicht kalt nicht heiß.

A: 北京 的 冬天 很 冷, 你 可能 不
Běijīng de dōngtiān hěn lěng, nǐ kěnéng bù
Beijing Winter sehr kalt, du können nicht

习惯　　吧!
xíguàn　　ba!
gewohnt sein　(Schlußpartikel)!

B: 还　可以。
Hái　kěyi.
Noch　können.

A: 你们　国家　冬天　常　下雪　吗?
Nǐmen　guójiā　dōngtiān　cháng　xiàxuě　ma?
Ihr　Land　Winter　oft　schneien　(Fragepartikel)?

B: 常　下雪。听说　北京　的　春天
Cháng　xiàxuě.　Tīngshuō　Běijīng　de　chūntiān
Oft　schneien.　Hören sagen　Beijing　Frühling
老　刮风,　不　下雨。
lǎo　guāfēng,　bú　xiàyǔ.
immer　wehen,　nicht　regnen.

A: 北京　的　春天　比较　干燥。
Běijīng　de　chūntiān　bǐjiào　gānzào.
Beijing　Frühling　relativ　trocken.

B: 北京　的　夏天　热　不　热?
Běijīng　de　xiàtiān　rè　bú　rè?
Beijing　Sommer　heiß　nicht　heiß?

A: 北京　的　夏天　经常　下雨,　不　是
Běijīng　de　xiàtiān　jīngcháng　xiàyǔ,　bú　shì
Beijing　Sommer　oft　regnen,　nicht　sein
太　热。
tài　rè.
sehr　heiß.

B: 这　和　我们　国家　的　南方　差不多。
Zhè hé wǒmen guójiā de nánfāng chàbuduō.
Dies und wir Land Süden fast gleich.

A: 你　的　家乡　在　南方　还是　在　北方？
Nǐ de jiāxiāng zài nánfāng háishi zài běifāng?
Du Heimatort in Süden oder in Norden?

B: 在　中部，冬天　很　暖和，夏天　很　凉快。
Zài zhōngbù, dōngtiān hěn nuǎnhuo, xiàtiān hěn liángkuài.
In Mitte, Winter sehr warm, Sommer sehr kühl.

A: 是　个　旅游　的　好　地方。
Shì ge lǚyóu de hǎo dìfang.
Sein (Zählwort) Reise gut Ort.

B: 对。
Duì.
Richtig.

Übersetzung:

A: Wann bist du nach Beijing gekommen?

B: Im letzten Herbst.

A: Das ist gerade die Reisesaison.

B: Genau, es ist weder kalt noch heiß.

A: In Beijing ist es im Winter sehr kalt, daran bist du vielleicht nicht gewöhnt.

B: Doch, es geht.

A: Schneit es bei euch im Winter häufig?

B: Ja, ich habe gehört, daß es im Frühling in Beijing sehr windig ist und selten regnet.

A: Im Frühling ist es recht trocken.

B: Ist es im Sommer heiß?

A: Im Sommer regnet es oft und ist nicht sehr heiß.

B: Das ist fast wie bei uns im Süden.

A: Liegt deine Heimat im Süden oder im Norden?

B: In der Mitte; im Winter ist es schön warm und im Sommer sehr kühl.

A: Ein gutes Reiseziel.

B: Genau.

II. Vokabeln:

谈	**tán**	sprechen
天气	**tiānqì**	Wetter
去年	**qùnián**	letztes Jahr
秋天	**qiūtiān**	Herbst
旅游	**lǚyóu**	Reise
可不是	**kěbúshì**	eben; genau
冷	**lěng**	kalt
热	**rè**	heiß
冬天	**dōngtiān**	Winter

可能	**kěnéng**	können; wahrscheinlich; vielleicht
习惯	**xíguàn**	Gebräuche; Gewohnheit; gewohnt sein; sich an etw. gewöhnen
还可以	**háikěyi**	es geht; leidlich sein
国家	**guójiā**	Staat; Land
常	**cháng**	oft
下雪	**xiàxuě**	schneien
听说	**tīngshuō**	etw. sagen hören; etw. vom Hörensagen wissen
春天	**chūntiān**	Frühling
老	**lǎo**	alt; stets; immer; oft
比较	**bǐjiào**	relativ; recht
干燥	**gānzào**	trocken
夏天	**xiàtiān**	Sommer
经常	**jīngcháng**	häufig; öfter
和…差不多	**hé…chàbuduō**	fast gleich wie…
南方	**nánfāng**	Süden
家乡	**jiāxiāng**	Heimatort; Heimat
北方	**běifāng**	Norden
中部	**zhōngbù**	Mitte
暖和	**nuǎnhuo**	warm
凉快	**liángkuài**	kühl

III. Erläuterungen:

Wenn man die Art und Weise einer Handlung, die schon

vorgenommen worden ist, oder die Zeit und den Ort eines Geschehens betont, wird die Rahmenkonstruktion“是…的”gebraucht. Z. B. “你(是)什么时候来的?”**Nǐ (shì) shénme shíhòu lái de**? (Wann bist du gekommen?)“我(是)去年秋天来的。”**Wǒ (shì) qùnián qiūtiān lái de.** (Ich bin im letzten Herbst gekommen.)“你(是)坐什么车来的?”**Nǐ (shì) zuò shénme chē lái de**? (Wie bist du gekommen?)“我(是)坐公共汽车来的。”**Wǒ (shì) zuò gōnggòng qìchē lái de.** (Ich bin mit dem öffentlichen Bus gekommen.) Wenn ein Objekt gebraucht wird, kann man sagen:“我(是)去年秋天来北京的。”**Wǒ (shì) qùnián qiūtiān lái Běijīng de.** (Ich bin im letzten Herbst nach Beijing gekommen.) Im bejahenden Satz kann das Wort “是”weggelassen werden. Aber im verneinenden Satz muß es gebraucht werden, z. B. 我不是去年秋天来的。”**Wǒ bú shì qùnián qiūtiān lái de.** (Ich bin nicht im letzten Herbst gekommen.)

IV. Übungen:

1. Setzen Sie ein:

   我是<u>八月二日</u>去香山的。
   (上星期;去年;坐汽车;骑自行车;和朋友一起)

2. Beantworten Sie folgende Fragen:

   1)你是从哪儿来中国的?
   2)你是什么时候来中国的?
   3)你是和谁一起来的?
   4)你的皮大衣是在哪儿买的?

5)你的钱是在哪个银行换的?

V. Wir lernen schreiben:

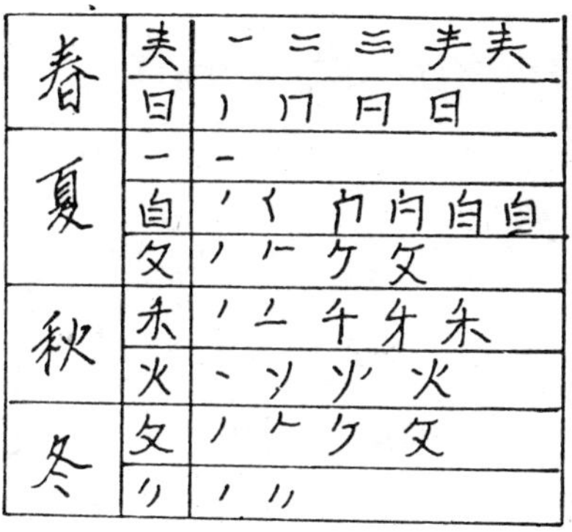

Lektion 14

过 春 节

Guò Chūnjié

Das Frühlingsfest feiern

I. Gespräch:

艾伦: 你 手 里 拿 的 什么?
Nǐ shǒu lǐ ná de shénme?
Ellen: Du Hand in nehmen (Attributivsuffix) was?

王: 爆竹。快 过 春节 了, 这 是 给 孩子 买 的。
Bàozhú. Kuài guò chūnjié le, zhè shì gěi háizi mǎi de.
Wang: Feuerwerk. Bald verbringen Frühlingsfest (Finalpartikel), dies sein geben Kind kaufen (HV für AZ des Ereignisses).

艾伦: 哪 天 是 中国 的 春节?
Nǎ tiān shì Zhōngguó de chūnjié?
Ellen: Welcher Tag sein China Frühlingsfest?

王: 下 星期三 是 除夕, 星期四 是
Xià xīngqīsān shì chúxī, xīngqīsì shì
Wang: Nächst Mittwoch sein Silvester, Donnerstag sein

大年　初一，就　是　春节。

dànián　chūyī,　jiù　shì　chūnjié.

Frühlingsfest　erster Tag, nämlich　sein　Frühlingsfest.

艾伦：中国人　春节　怎么　过？

Zhōngguórén　chūnjié　zěnme　guò?

Ellen: Chinese　Frühlingsfest wie　verbringen?

王：除夕　晚上　一家人　在　一起

Chúxī　wǎnshang　yìjiārén　zài　yìqǐ

Wang: Silvester　Abend　die ganze Familie　in　zusammen

吃　年夜饭，也　叫

chī　niányèfàn,　yě　jiào

essen　Silvester Essen,　auch　heißen

团圆饭。初一　早上

tuányuánfàn.　Chūyī　zǎoshang

festliches Essen bei Familientreffen. Erster Tag Morgen

开始　互相　拜年。

kāishǐ　hùxiāng　bàinián.

beginnen　einander　Neujahrsbesuch machen.

艾伦：我　看见　很　多　人家　门口儿　还　贴

Wǒ　kànjiàn hěn　duō　rénjiā　ménkǒur　hái　tiē

Ellen: Ich　sehen　sehr　viel　Familie　Eingang　noch kleben

红　纸条儿。

hóng　zhǐtiáor.

rot　Papierstreifen.

王：那　叫　春联。

Nà　jiào　chūnlián.

Wang: Jener　heißen　Neujahrsspruchrollen.

艾伦：春节 好象 比 新年
Chūnjié hǎoxiàng bǐ xīnnián
Ellen: Frühlingsfest scheinen als(vergleichend) Neujahr
还 隆重。
hái lóngzhòng.
noch feierlich.

王：对，春节 是 中国 最
Duì, chūnjié shì Zhōngguó zuì
Wang: Richtig, Frühlingsfest sein China (Superlativ)
大 的 传统 节日。在 中国 南方，
dà de chuántǒng jiérì. Zài Zhōngguó nánfāng,
groß traditionell Fest. In China Süden,
还 有 舞 龙灯 什么的，可
hái yǒu wǔ lóngdēng shénmede, kě
noch haben spielen Drachenlaterne dergleichen, sehr
热闹 了。
rènao le.
belebt.

艾伦：在 中国 过 春节 太
Zài Zhōngguó guò chūnjié tài
Ellen: In China verbringen Frühlingsfest zu
有 意思 了。
yǒu yìsi le.
interessant sein.

王：除夕 晚上，你 跟 我们 一起
Chúxī wǎnshang, nǐ gēn wǒmen yìqǐ
Wang: Silvester Abend, du mit wir zusammen

过 春节， 我们 吃 完

guò chūnjié, wǒmen chī wán

verbringen Frühlingsfest, wir essen fertig

年夜饭， 跟 孩子们 一起

niányèfàn, gēn háizimen yìqǐ

Silvester Essen, mit Kinder zusammen

放 爆竹， 好 吗？

fàng bàozhú, hǎo ma?

abbrennen Feuerwerk, gut (Fragepartikel)?

艾伦： 那 我 太 高兴 了。

Nà wǒ tài gāoxìng le.

Ellen: Also ich zu sich freuen.

Übersetzung:

Ellen: Was hältst du in der Hand?

Wang: Feuerwerk. Das Frühlingsfest steht vor der Tür, das habe ich für meine Kinder gekauft.

Ellen: An welchem Tag ist das chinesische Frühlingsfest?

Wang: Am nächsten Mittwoch ist Silvester, und Donnerstag ist der erste Tag des ersten Monats nach dem chinesischen Kalender, nämlich das Frühlingsfest.

Ellen: Wie feiern die Chinesen das Frühlingsfest?

Wang: Am Silvesterabend kommen alle Familienangehörigen zusammen und nehmen ein festliches Mahl, nämlich „Nianyefan“, ein, das nennen wir auch „Tuanyuanfan“, festliches Essen bei einem Familientreffen. Und am Morgen des ersten Frühlingsfesttages besuchen die Leute einander und wünschen einander ein glückliches neues Jahr.

Ellen: Ich habe gesehen, daß an den Türrahmen vieler Familien rotes Papier klebt.

Wang: Das sind Neujahrsspruchrollen.

Ellen: Das Frühlingsfest scheint noch feierlicher als das Neujahr zu sein.

Wang: Genau, das Frühlingsfest ist das wichtigste traditionelle chinesische Fest. In Südchina werden noch Drachenlaternen und dergleichen gezeigt, dort herrscht ein sehr lebhaftes Treiben.

Ellen: Es würde mich sehr interessieren, in China das Frühlingsfest mitzufeiern.

Wang: Am Silvesterabend kommst du zu uns, und nach dem festlichen Essen brennen wir zusammen mit den Kindern Feuerwerk ab, wie wäre das?

Ellen: Also, ich freue mich sehr darauf.

II. Vokabeln:

春节	**chūnjié**	Frühlingsfest
手	**shǒu**	Hand
里	**lǐ**	in
拿	**ná**	nehmen, halten

爆竹	**bàozhú**	Feuerwerk
快	**kuài**	bald; gleich; fast
除夕	**chúxī**	Silvester
大年初一	**dànián chūyī**	der erste Tag des Frühlingsfests
中国人	**Zhōngguórén**	Chinese
一家人	**yìjiārén**	die ganze Familie
年夜饭	**niányèfàn**	Essen am Silvester
团圆饭	**tuányuánfàn**	Essen beim Familientreffen
互相	**hùxiāng**	einander
拜年	**bàinián**	Neujahrsbesuch machen
多	**duō**	viel; mehr
人家	**rénjiā**	Familie
门口儿	**ménkǒur**	Eingang
纸条儿	**zhǐtiáor**	Papierstreifen
春联	**chūnlián**	Neujahrsspruchrollen
好象	**hǎoxiàng**	scheinen; gleich wie
比	**bǐ**	als; vergleichen
隆重	**lóngzhòng**	feierlich
传统	**chuántǒng**	Tradition; tradtionell
节日	**jiérì**	Fest; Festtag
舞龙灯	**wǔ lóngdēng**	Drachenlaterne spielen
可	**kě**	schr
热闹	**rènao**	belebt
有意思	**yǒu yìsi**	interessant, amüsant, vergnüglich sein
跟	**gēn**	mit

完	**wán**	fertig
放(爆竹)	fàng	(Feuerwerk) abbrennen

III. Erläuterungen:

1. 比: Mit dem Wort "比" wird eine Steigerungsstufe beim Adjektiv zum Ausdruck gebracht. Z. B. "今天比昨天冷。" **Jīntiān bǐ zuótiān lěng.** (Heute ist es kälter als gestern.) "今天比昨天更冷。" **Jīntiān bǐ zuótiān gèng lěng.** (Heute ist es noch kälter als gestern.) "今天比昨天冷一点儿。" **Jīntiān bǐ zuótiān lěng yìdiǎnr.** (Heute ist es ein bißchen kälter als gestern.) "今天比昨天冷得多。" **Jīntiān bǐ zuótiān lěng de duō.** (Heute ist es viel kälter als gestern.) Im verneinenden Satz steht das Verneinungswort "不" (nicht) vor dem Wort "比"。Z. B. "今天不比昨天冷。" **Jīntiān bù bǐ zuótiān lěng.** (Heute ist es nicht kälter als gestern.)

2. "快…了": Wenn man ein Ereignis, das bald geschehen wird, ausdrückt, wird die Rahmenformel "快…了" im Satz gebraucht. Z. B. "他快回来了。" **Tā kuài húilai le.** (Er wird bald zurückkommen.) "快十二点了。" **Kuài shíèr diǎn le.** (Es ist gleich zwölf Uhr.)

IV. Übungen:

1. Setzen Sie ein:

   中国的春节比新年(还)隆重。

(我们国家　　中国　　冷；　　银行　　邮局　　远；
饺子　　米饭　　好吃；　　这种桔子　　那种桔子
甜；　　他的身体　　我的身体　　好)

2. Ergänzen Sie mit der Rahmenformel “快…了” folgenden Dialog:

1) A:现在几点?

B: ____________________

2) A:我的西服洗好了吗?

B: ____________________

3) A:你要买什么?

B: ______________,我要买一件皮大衣。

V. Wir lernen schreiben:

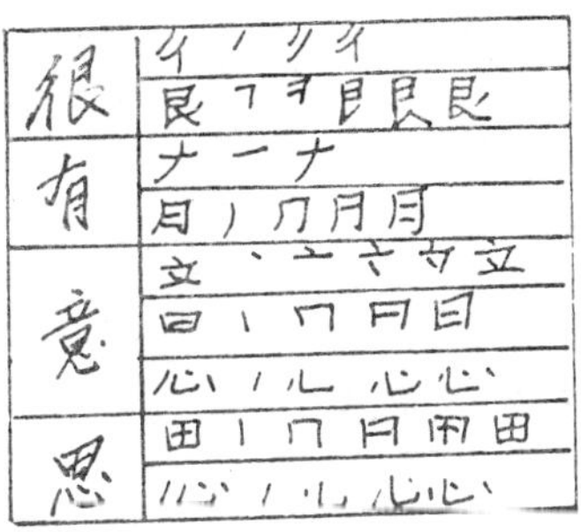

Lektion 15

游览北京

Yóulǎn Běijīng

Besichtigung in Beijing

I. Gespräch:

A: 你	来	北京	多	久	了?
Nǐ	**lái**	**Běijīng**	**duō**	**jiǔ**	**le?**
Du	kommen	Beijing	wie	lange	(Finalpartikel)?

B: 半	个	多	月	了。
Bàn	**ge**	**duō**	**yuè**	**le.**
Halb	(Zählwort)	mehr	Monat.	

A: 北京	市内	的	名胜古迹
Běijīng	**shìnèi**	**de**	**míngshèng gǔjī**
Beijing	Innenstadt	(Genitivsuffix)	Sehenswürdigkeit

你	都	参观	过了
nǐ	**dōu**	**cānguān**	**huòle**
du	all	besichtigen	(Adverbialer Zusatz des Ergebnisses)

吧!
ba!
(Schlußpartikel)!

B: 差不多。
Chàbuduō.
Fast alle.

A:长城、 十三陵 也 去过 了?
Chángchéng、 Shísānlíng yě qùguo le?
Große Mauer, Ming-Gräber auch gehen?

B:去 了,“不 到 长城 非
Qù le, “bú dào Chángchéng fēi
Gehen, „Nicht erreichen Große Mauer nicht
好汉” 嘛!
hǎohàn” ma!
guter Kerl” (Finalpartikel)!

A: 爬 到 顶 了 吗?
Pá dào dǐng le ma?
Klettern gelangen Spitze (Fragepartikel)?

B: 那 还 用 说。 就 是 下来 的
Nà hái yòng shuō. Jiù shì xiàlái de
Jener noch brauchen sagen. Nur sein absteigen
时候 不 大 好 走。
shíhou bú dà hǎo zǒu.
Zeit nicht sehr gut gehen.

A: 是 啊!
Shì a!
Sein (Finalpartikel zur Bildung eines Ausrufsatzes)!
人们 常 说: 上山 容易 下山
Rénmen cháng shuō: Shàng shān róngyì xià shān
Man oft sagen: Bergauf leicht bergab
难。 “十渡” 去过 吗?
nán “Shídù” qù guò ma?
schwer. „Shidu“ gehen?

B:“十渡”? 在 哪儿?

“Shídù”? Zài nǎr?

„Shidu“? In wo?

A: 离 北京 比较 远, 坐 汽车

Lí Běijīng bǐjiào yuǎn, zuò qìchē

Entfernt Beijing relativ weit, sitzen Auto

来回 得 七 个 多 小时。

láihuí děi qī ge duō xiǎoshí.

hin und zurück brauchen sieben mehr Stunde.

B: 好看 吗?

Hǎokàn ma?

Gut sehen?

A: 有 山 有 水, 风景 美

Yǒu shān yǒu shuǐ, fēngjǐng měi

Haben Berg haben Wasser, Landschaft schön

极了, 人们 叫 它 “小桂林”。

jíle, rénmen jiào tā “Xiǎo Guìlín”.

außerordentlich, man nennen es „Klein Guilin“.

B: 就是 说, 跟 广西 的 桂林 一样 美?

Jiùshì shuō, gēn Guǎngxi de Guìlín yíyàng měi?

Das heißt, mit Guangxi Guilin gleich schön?

A: 对!

Duì!

Richtig!

B: 那 我 一定 要 去 看看。

Nà wǒ yídìng yào qù kànkan.

So ich bestimmt wollen gehen sehen.

Übersetzung:

A: Wie lange bist du schon in Beijing?

B: Über einen halben Monat.

A: Hast du Sehenswürdigkeiten in der Stadt besichtigt?

B: Fast alle.

A: Und hast du die Große Mauer und die Ming-Gräber gesehen?

B: Ja, „Wer die Große Mauer nicht erreicht, ist kein ganzer Kerl"!

A: Warst du an der höchsten Stelle?

B: Das ist doch selbstverständlich! Nur war es mit dem Absteigen nicht so einfach.

A: Ja doch! Wie die Redensart so trefflich sagt: Bergauf geht es leichter als bergab. Warst du in Shidu?

B: Shidu? Wo liegt das?

A: Es befindet sich relativ weit entfernt von Berjing, mit dem Bus hin und zurück braucht man mehr als sieben Stunden.

B: Wie schön ist die Landschaft dort?

A: Es gibt Berge und Flüsse, die Landschaft ist sehr faszinierend, man bezeichnet Shidu als „Klein-Guilin".

B: Das heißt, daß Shidu genauso schön wie Guilin in Guangxi ist.

A: Genau!

B: So werde ich bestimmt dorthin gehen.

IV. Vokabeln:

游览	**yóulǎn**	besichtigen; besuchen
久	**jiǔ**	lange

市内	**shìnèi**	Innenstadt
名胜古迹	**míngshèng gǔjī**	Sehenswürdigkeiten
参观	**cānguān**	besichtigen
差不多	**chàbuduō**	fast gleich; fast alle
非	**fēi**	nicht
好汉	**hǎohàn**	guter Kerl
嘛	**ma**	Finalpartikel (für eine klar zu erkennende Aussage)
爬	**pá**	klettern
顶	**dǐng**	Spitze; Gipfel
那还用说	**nà hái yòng shuō**	Das ist ja selbstverständlich
下来	**xiàlai**	hinunterkommen; herabsteigen
不大	**búdà**	nicht sehr; nicht so
好走	**hǎo zǒu**	sich gut laufen lassen
啊	**a**	ah (Finalpartikel zur Bildung eines Ausrufesatzes)
人们	**rénmen**	man
上	**shàng**	steigen; hinaufgehen
容易	**róngyì**	leicht; einfach
下	**xià**	hinuntergehen; absteigen
离	**lí**	entfernt sein von
汽车	**qìchē**	Auto; Kraftfahrzeug
来回	**láihuí**	Hin- und Rückweg; hin und zurück
得	**děi**	brauchen; benötigen; müssen; er-

		forderlich sein
水	**shuǐ**	Wasser
风景	**fēngjǐng**	Landschaft
美	**měi**	schön
就是说	**jiùshì shuō**	das heißt; das bedeutet
一样	**yíyàng**	genauso; ebenfalls; gleich (wie)
一定	**yídìng**	bestimmt; unbedingt

III. Erläuterungen:

1. "来" und "去": Die beiden Wörter sind Richtungsverben und stehen im Satz meist hinter dem anderen Verb. Z. B. "他出去了。" **Tā chūqu le.** (Er ist ausgegangen.) "他从家出来了。" **Tā cóng jiā chūlai le.** (Er kommt aus dem Haus heraus.) "你带取衣单来了吗?" **Nǐ dài qǔyīdān lái le ma?** (Hast du Abholzettel für die Wäsche bei dir?) "他到北京去了。" **Tā dào Běijīng qù le.** (Er ist nach Beijing gefahren.)

2. "跟…一样" drückt ein gleiches oder ein ähnliches Ergebnis im Vergleich einer Sache mit einer anderen Sache aus; z. B. "这里的气候跟我们国家的气候一样。" **Zhèlǐ de qìhòu gēn wǒmén guójiā de qìhòu yíyàng.** (Das Klima hier ist genauso wie (das) bei uns.) Im verneinenden Satz: "她的皮大衣跟我的不一样。" **Tā de pídàyī gēn wǒ de bù yíyàng.** (Ihr Pelzmantel ist nicht gleich wie meiner.)

IV. Übungen:

1. Lernen Sie folgende Wortgruppen auswendig:

进来　出来　上来　下来　回来　过来

进去　出去　上去　下去　回去　过去

买来一斤桔子　　打来一个电话

寄去五百马克　　带去一件皮大衣

拿来一瓶酒　　请来一个大夫

进友谊商店去　　回家来　　上山来

2. Ergänzen Sie mit den Wörtern“来”oder“去”folgende Sätze:

1. 下雨了,我们快进屋______吧!
2. 艾伦先生不在家,他到纽约______了。
3. 这件衣服是我朋友送______的。
4. 昨天是谁打______的电话?
5. 他给他夫人寄______了几张长城的明信片。

V. Wir lernen schreiben:

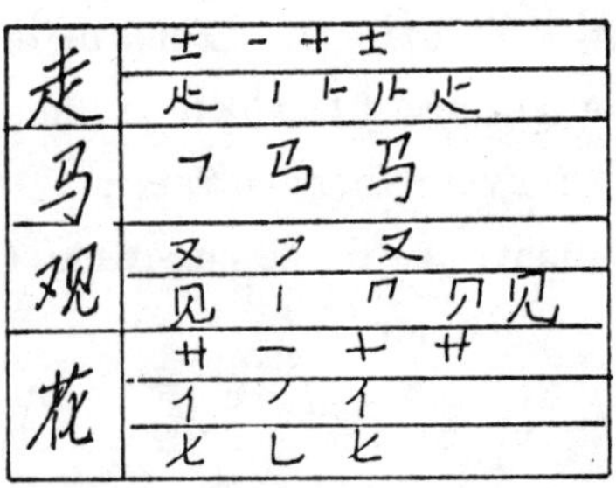

Lektion 16

祝贺生日

Zhùhè Shēngrì

Glückwunsch zum Geburtstag

I. Gespräch:

A:	米勒	先生，	祝贺	你	生日
	Mǐlè	**xiānsheng,**	**zhùhè**	**nǐ**	**shēngrì**
	Müller	Herr,	gratulieren	du	Geburtstag

	快乐。
	kuàile.
	fröhlich.

B:	这	是	我们	送给	你	的
	Zhè	**shì**	**wǒmen**	**sònggěi**	**nǐ**	**de**
	Dies	sein	wir	schenken	du	(Genitivsuffix)

	生日	礼物。
	shēngrì	**lǐwù.**
	Geburtstag	Geschenk.

C:	谢谢！	(打开	包儿)	啊！	一	个	小
	Xièxie!	**(Dǎkāi**	**bāor)**	**A!**	**Yí**	**gè**	**xiǎo**
	Danken!	(Öffnen	Päckchen)	Ah!	Ein	(Zählwort)	klein

	老头儿，	真	有趣。
	lǎotóur,	**zhēn**	**yǒuqù.**
	Greis,	sehr	interessant.

B: 这 叫 老寿星， 就是 健康
Zhè jiào lǎo shòuxing, jiùshì jiànkāng
Dies heißen alt Gott der Langlebigkeit, nämlich gesund
长寿 老人 的 意思。
chángshòu lǎorén de yìsi.
langlebig alter Mann Bedeutung.

A: 祝 你跟他 一样 健康 长寿。
Zhù nǐ gēn tā yíyàng jiànkāng chángshòu.
Wünschen du wie er gleich gesund langlebig.

C: 谢谢！ 来， 请 吃 蛋糕。
Xièxie! Lái, qǐng chī dàngāo.
Danken! Kommen, bitten essen Torte.

A: 谢谢！
Xièxie!
Danken!

C: 中国人 过 生日， 吃 什么？
Zhōngguórén guò shēngrì, chī shénme?
Chinese feiern Geburtstag, essen was?

A: 吃 面条儿。
Chī miàntiáor.
Essen Nudel.

B: 我们 叫 它 长寿面。
Wǒmen jiào tā chángshòumiàn.
Wir nennen es Nudel der Langlebigkeit.

C: 你们 的 生日 是 哪 天？
Nǐmen de shēngrì shì nǎ tiān?
Ihr Geburtstag sein welcher Tag?

A: 我 的 生日 已经 过 了。

Wǒ de shēngrì yǐjīng guò le.

Ich Geburtstag schon vorüber sein (Finalpartikel).

六月 十五 号 是 我 夫人 的 生日，

Liùyuè shíwǔ hào shì wǒ fūren de shēngrì,

Juni fünfzehn Tag sein ich Frau Geburtstag,

让 她 做 几个 她 的 拿手菜，

ràng tā zuò jǐge tā de náshǒucài,

lassen sie kochen einige sie Meisterspeise,

请 你们 去 尝尝。

qǐng nǐmen qù chángchang.

bitten ihr gehen probieren.

C: 一定 去，还 要 尝尝

Yídìng qù, hái yào chángchang

Sicher gehen, noch wollen probieren

长寿面 呢。

chángshòumiàn ne.

Nudel der Langlebigkeit (Schlußpartikel).

Übersetzung:

A: Herr Müller, wir wünschen Ihnen einen fröhlichen Geburtstag.

B: Das ist ein Geburtstagsgeschenk für Sie.

C: Danke! (Das Geschenk wird ausgepackt) Ah! Ein kleiner Greis, sehr interessant.

B: Das bedeutet „Lao Shou Xing", also ein Gott, der die Gesundheit und Langlebigkeit symbolisiert.

A: Wir hoffen, daß Sie ebenso gesund und langlebig bleiben wie er.

C: Danke! Kommen Sie bitte Torte essen.

A: Danke!

C: Was gibt es zur Feier des Geburtstages eines Chinesen zu essen?

A: Wir essen Nudeln.

B: Wir nennen sie „Nudeln der Langlebigkeit".

C: An welchen Tagen werden Ihre Geburtstage gefeiert?

A: Mein Geburtstag ist schon gefeiert worden. Der 15. Juni ist Geburtstag meiner Frau, ich werde sie einige ihrer Meisterspeisen zubereiten lassen und Sie zum Probieren einladen.

C: Ich werde sicher zu Ihnen kommen und „Nudeln der Langlebigkeit" probieren.

II. Vokabeln:

祝贺	**zhùhè**	gratulieren
生日	**shēngrì**	Geburtstag
快乐	**kuàile**	fröhlich
送给	**sònggěi**	schenken
礼物	**lǐwù**	Geschenk
打开	**dǎkāi**	öffnen; aufmachen
包儿	**bāor**	Päckchen
啊	**a**	ah (Finalpartikel zur Bildung eines

		Aufrufesatzes)
老头儿	**lǎotóur**	älterer Mann; Greis
真	**zhēn**	wirklich; wahrhaftig
有趣	**yǒuqù**	interessant; lustig
寿星	**shòuxing**	Gott der Langlebigkeit
长寿	**chángshòu**	langlebig
老人	**lǎorén**	Altc(r); Greis
意思	**yìsi**	Bedeutung
蛋糕	**dàngāo**	Torte
过生日	**guò shēngrì**	Geburtstag feiern
面条儿	**miàntiáor**	Nudel
长寿面	**chángshòu miàn**	Nudel der Langlebigkeit
已经	**yǐjīng**	schon; bereits
让	**ràng**	lassen
做	**zuò**	machen; kochen
拿手菜	**náshǒucài**	Meisterspeise
尝	**cháng**	probieren; kosten; verkosten
呢	**ne**	(Schlußpartiikel)

III. Erläuterungen:

Der Satz, der aus zwei Verben und einem Nomen oder einem Pronomen besteht, heißt „Jianyuju“(兼语句). Das Nomen oder Pronomen steht meist zwischen den zwei Verben und ist sowohl das Objekt des vor derenVerbs als auch das Subjekt des hinteren Verbs. Vor dem Nomen oder Pronomen werden die Verben „lassen“ und „bitten“(让,请) häufig gebraucht. Z. B. “有空请(你)去我家坐坐。” **Yǒu kòng qǐng (nǐ) qù wǒ jiā zuòzuo.** (Wenn du Zeit hast, komm bitte mal zu mir herüber.) “这是五百马克,请您点一下。” **Zhè shì wǔbǎi mǎkè, qǐng nín diǎn yíxià.** (Das sind fünfhundert Deutsche Mark, zählen Sie bitte das Geld nach.)“让她做几个她的拿手菜。” **Ràng tā zuò jǐge tā de náshǒucài.** (Ich lasse sie einige ihrer Meisterspeisen zubereiten.) “他叫我尝尝他夫人的拿手菜。” **Tā jiào wǒ chángchang tā fūren de náshǒucài.** (Er läßt mich eine Meisterspeise seiner Frau probieren.)

IV. Übungen:

1. Setzen Sie “请”oder“让”ein:

他____我参加新年晚会。
我____他去我家过春节。
中国朋友____我吃饺子。
王芳____我吃长寿面。
他们____我们喝茶。
他____大夫给他看病。
我____她洗一条裤子。

2. **Beantworten Sie folgende Fragen:**

1. 你的生日是几月几号?

2．你朋友送你什么礼物？
3．你请朋友吃什么？
4．你叫朋友们几点去你家？

V．Wir lernen schreiben：

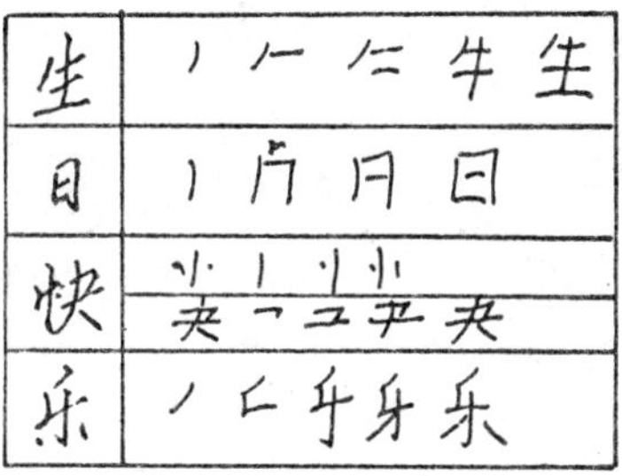

Lektion 17

路　遇

Lù Yù

Begegnung auf der Straße

I. Gespräch:

A: 啊，老兄，　几　天　不　见，　你　胖
A, Lǎoxiōng, jǐ tiān bú jiàn, nǐ pàng
Ah, mein Lieber, einige Tag nicht sehen, du dick
了。
le.
(Finalpartikel).

B: 哪里，　我　的　牙床
Nǎli, wǒ de yáchuáng
Woher denn, ich (Genitivsuffix) Zahnfleisch
肿　了，　你看……
zhǒng le, nǐ kàn……
anschwellen, du sehen……

A: 哎呀，　真　的，
Āiyā, zhēn de,
Ah, wirklich (Schlußpartikel für Emphase)
肿　得　很　厉害，
zhǒng de hěn lìhai,
anschwellen (HV für AZ des Ergebnisses) sehr stark,

去 医院 看
qù yīyuàn kàn
gehen Krankenhaus sich untersuchen lassen
过 了 吗?
guò le ma?
(Adverbialer Zusatz des Ergebnisses) (Fragepartikel)?

B: 看 过 了。大夫 说 这
Kàn guò le. Dàifu shuō zhè
Sich untersuchen lassen. Arzt sagen dies
个 牙 要 拔掉。你 身体
gè yá yào bádiào. Nǐ shēntǐ
(Zählwort)Zahn müssen ziehen. Du Körper
怎么样?
zěnmeyàng?
wie?

A: 马马 虎虎。我 夫人 最近 身体 不
Mǎmǎ hūhū. Wǒ fūren zuìjìn shēntǐ bú
Soso lala. Ich Frau letzte Zeit Körper nicht
太 好, 她 病 了。
tài hǎo, tā bìng le.
sehr gut, sie krank.

B: 她 怎么 不 好?
Tā zěnme bù hǎo?
Sie wie nicht gut?

A: 她 经常 肚子疼, 还 有点儿
Tā jīngcháng dùziténg, hái yǒu diǎnr
Sie oft Bauchschmerz, noch ein bißchen

发烧。

fāshāo.

Fieber haben.

B: 应该 去 医院 好好儿 检查 一下。

Yīnggāi qù yīyuàn hǎohāor jiǎnchá yíxià.

Sollen gehen Krankenhaus gründlich untersuchen einmal.

A: 检查 过 了，现在 每 天

Jiǎnchá guò le, xiànzài měi tiān

Untersuchen, jetzt jeder Tag

吃 中药。

chī zhōngyào.

einnehmen chinesische Heilmittel.

B: 吃 中药 管用 吗？

Chī zhōngyào guǎnyòng ma?

Einnehmen chinesische Heilmittel wirksam?

A: 还可以，现在 比 以前

háikěyi, xiànzài bǐ yǐqián

Nicht schlecht, jetzt als(vergleichend) früher

好 多 了。

hǎo duō le.

gut viel.

B: 请 替 我 问候 她，祝

Qǐng tì wǒ wènhòu tā, zhù

Bitte für ich grüßen sie, wünschen

她 早日 恢复 健康。

tā zǎorì huīfù jiànkāng.

sie bald wiederherstellen Gesundheit.

A: 谢谢 你。有 空儿 请 去 我
Xièxie nǐ Yǒu kòngr qǐng qù wǒ
Danken du. Haben freie Zeit einladen gehen ich
家 坐坐。
jiā zuòzuo.
Wohnung sitzen.

B: 一定 去。
Yídìng qù.
Bestimmt gehen.

Übersetzung:

A: Oh, mein Lieber, ich habe dich seit einigen Tagen nicht gesehen, du bist dicker geworden.

B: Woher denn, mein Zahnfleisch ist geschwollen, sieh mal…

A: Ah, wirklich, es ist stark geschwollen, bist du zum Arzt gegangen?

B: Ja, der Arzt sagt, dieser Zahn müsse gezogen werden. Wie steht es mit deiner Gesundheit?

A: Mir geht es ganz gut. Aber meine Frau ist krank.

B: Was ist los mit ihr?

A: Sie hat oft Bauchschmerzen und auch etwas Fieber.

B: Sie soll sich gründlich untersuchen lassen.

A: Sie hat sich einer ärztlichen Untersuchung unterzogen, jetzt nimmt sie täglich traditionelle chinesische Heilmittel ein.

B: Ist die chinesische Medizin dafür wirksam?

A: Es geht, sie fühlt sich jetzt viel besser als früher.

B: Bitte grüß sie von mir, ich wünsche ihr baldige Genesung.

A: Ich danke dir, wenn du Zeit hast, kommst du mal zu uns herüber.

B: Sicher!

II. Vokabeln:

遇	yù	begegnen
老兄	**lǎoxiōng**	mein Lieber
见	**jiàn**	sehen
胖	**pàng**	dick
牙床	**yáchuáng**	Zahnfleisch
肿	**zhǒng**	geschwollen sein; anschwellen
真的	**zhēnde**	wirklich; tatsächlich
厉害	**lìhai**	stark
医院	**yīyuàn**	Krankenhaus
看病	**kànbìng**	zum Arzt gehen; einen Arzt aufsuchen
过	**guò**	(Adverbialer Zusatz des Ergebnisses)
大夫	**dàifu**	Arzt; Doktor
牙	**yá**	Zahn
拔掉	**bádiào**	ziehen
马马虎虎	**mǎmǎ hūhū**	soso lala; es geht
最近	**zuìjìn**	vor kurzem; kürzlich; letzte Zeit

病	**bìng**	krank sein
肚子疼	**dùzi téng**	Bauchschmerz
发烧	**fāshāo**	Fieber haben
应该	**yīnggāi**	sollen; müssen
好好儿	**hǎohǎor**	gründlich
检查	**jiǎnchá**	untersuchen
每	**měi**	jeder
吃(药)	**chī(yào)**	(Medizin) einnehmen
中药	**zhōngyào**	chinesische Heilmittel
管用	**guǎnyòng**	wirksam
以前	**yǐqián**	früher
替	**tì**	für; in jmds. Namen; ersetzen
问候	**wènhòu**	grüßen
早日	**zǎorì**	bald
恢复	**huīfù**	wiederherstellen
有空儿	**yǒu kòngr**	wenn du Zeit hast
请	**qǐng**	bitten; einladen
坐坐	**zuòzuo**	sitzen; hier: jmdn. um seinen Besuch bitten

III. Erläuterung:

过: Das Hilfswort “过” steht hinter dem Verb und drückt aus, daß ein Ereignis schon geschehen ist; wie z. B. “你去过中国吗?” **Nǐ qù guò Zhōngguó ma?** (Bist du in China gewesen?)“我吃过中药。”**Wǒ chī guò zhōngyào.** (Ich habe traditionelle chinesische Heilmittel eingenommen.) Im verneinenden Satz: “我没去过中国。”**Wǒ méi qù guò Zhōngguó.** (Ich bin nicht in China gewesen.)“我没吃过中药。”**Wǒ méi chī guò zhōngyào.** (Ich habe keine traditionellen chinesischen Heilmittel eingenommen.)

IV. Übungen:

1. Lernen Sie folgende Sätze auswendig:

1) 挂号 **guàhào** sich anmelden (beim Arzt usw.)
2) 看病 **kànbìng** zum Arzt gehen; einen Arzt aufsuchen
3) 试表 **shìbiǎo** jmds. Temperatur messen, Fieber messen
4) 打针 **dǎzhēn** eine Spritze geben; injizieren
5) 咳嗽 **késou** husten
6) 量血压 **liáng xuèyā** Blutdruck messen

2. **Beantworten Sie mit dem Wort “过” folgende Fragen:**

1) 你吃过中国菜吗?
2) 你去过北京的香山吗?
3) 你参加过中国人的新年晚会吗?
4) 你在中国看过病吗?
5) 你在友谊商店买过皮大衣吗?

V. Wir lernen schreiben:

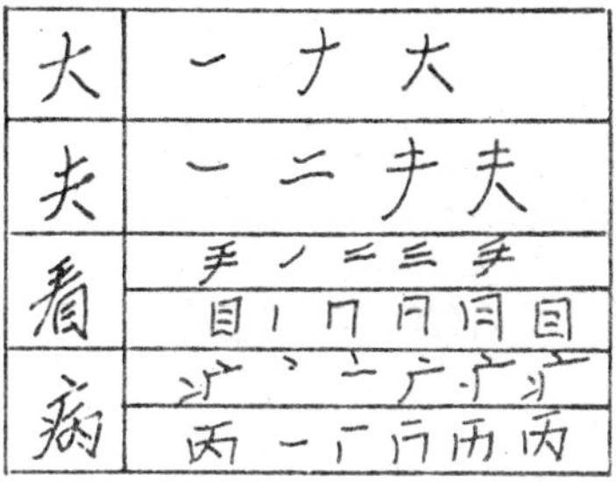

Lektion 18

端 午 节

Duānwǔjié

Das Drachenbootfest

I. Gespräch:

A: 这 是 什么?
Zhè shì shénme?
Dies sein was?

B: 这 叫 粽子。 今天 是 农历
Zhè jiào zòngzi. Jīntiān shì nónglì
Dies heißen Zongzi. Heute sein Mondkalender
五月 初五 端午节, 家家
wǔyuè chūwǔ duānwǔjié, jiājiā
Mai der fünfte Tag Drachenbootfest, jede Familie
都 吃 粽子。
dōu chī zòngzi.
all essen Zongzi.

A: 里边 是 什么? 包 得
Lǐbiān shì shénme? Bāo de
Innen sein was? Einwickeln (HV für AZ)

nuò mǐ
糯米 = Klebereis

真　好看。
zhēn hǎokàn.
sehr schön.

B: 里边　是　江米。　这　是　豆沙
Lǐbiān shì jiāngmǐ. Zhè shì dòushā
Innen sein Klebreis. Dies sein süßer Bohnenbrei
馅儿　的，　你　尝　一　个。
xiànr de, nǐ cháng yí ge.
Füllung (Genitivsuffix), du kosten eins (Zählwort).

A: 真　甜，　好吃！　好吃！
Zhēn tián, hǎochī! Hǎochī!
Sehr süß, gut essen! Gut essen!

B: 你　再　吃　一　个　这样　的。　这是
Nǐ zài chī yí ge zhèyàng de. Zhèshì
Du noch essen eins solch. Dies sein
咸　的，　里边　是　肉馅儿。
xián de, lǐ biān shì ròu xiànr
salzig, innen sein Fleischfüllung.

A: 肉　的　味道　好　极　了。
Ròu de wèidao hǎo jí le.
Fleisch Geschmack gut außerordentlich (Finalpartikel).

B: 这　都　是　南方　风味　的，
Zhè dōu shì nánfāng fēngwèi de,
Dies all sein Süden Stil,
还　有　枣泥儿　的、　火腿　的……
hái yǒu zǎonír de, huǒtuǐ de……
noch haben Dattelpaste, Schinken……

A: 你 说 得 我 的 口水 都
Nǐ shuō de wǒ de kǒushuǐ dōu
Du sagen ich Speichel schon
快 流出来 了。
kuài liúchūlai le.
fast herausfließen.

B: 再 吃 个 红枣 的 吧,
Zài chī ge hóngzǎo de ba,
Noch essen chinesische Dattel (Schlußpartikel),
这 是 北京 风味 的。
zhè shì Běijīng fēngwèi de.
dies sein Beijing Stil.

A: 不 行 了, 我 已经 吃 饱 了。
Bù xíng le, wǒ yǐjīng chī bǎo le.
Nicht können, ich schon essen satt.
端午节 还 有 什么 活动?
Duānwǔjié hái yǒu shénme huódòng?
Drachenbootfest noch haben was Veranstaltung?

B: 有的 地方 还 有 赛龙船
Yǒude dìfang hái yǒu sàilóngchuán
Manche Ort noch haben Drachenbootwettbewerb
的 风俗 习惯。
de fēngsú xíguàn.
Sitten Gebräuche.

A: 我 想 赛龙船 一定
Wǒ xiǎng sàilóngchuán yídìng
Ich denken Drachenbootwettbewerb sicher

很　　有意思。

hěn　yǒu yìsi.

sehr　interessant sein.

Übersetzung:

A: Was ist das?

B: Das ist Zongzi. Heute ist der fünfte Tag des fünften Monats nach dem chinesischen Mondkalender, also das Drachenbootfest, da wird in allen Familien Zongzi gegessen.

A: Es hat eine schöne Form. Was ist drin eingewickelt?

B: Klebreis. Das sind Zongzi mit süßer Paste aus Rotbohnen, bitte koste eines.

A: Es ist sehr süß, aber es schmeckt mir gut!

B: Bitte koste ein anderes, das ist mit Hackfleisch gefüllt und schmeckt salzig.

A: Die Fleischfüllung schmeckt mir gut!

B: All das sind südchinesische Spezialitäten, es gibt noch Zongzi mit Dattelpaste, mit zerhacktem Schinken…

A: Was du aufzählst, macht mir den Mund wässerig.

B: Bitte koste noch eines mit chinesischen Datteln, das ist eine Spezialität von Beijing.

A: Ich bin schon satt und kann nichts mehr essen. Welche Veranstaltungen werden außerdem am Drachenbootfest organisiert?

B: In manchen Orten pflegt man noch die Tradition, am Fest einen Drachenbootwettbewerb zu veranstalten.

A: Das wird sicher sehr interessant sein!

II. Vokabeln:

端午节	**duānwǔjié**	Drachenbootfest
粽子	**zòngzi**	im Bambus-oder Schilfblätter eingewickeltes Klebreisklößchen (traditioneller Imbiß zum Drachenbootfest)
农历	**nónglì**	Mondkalender
五月初五	**wǔyuè chūwǔ**	der fünfte Tag des fünften Monats
家家	**jiājiā**	jeder Haushalt; alle Familien
里边	**lǐbiān**	innen; innerhalb
包(粽子)	**bāo (zòngzi)**	(Zongzi) machen, einwickeln
江米	**jiāngmǐ**	Klebreis
豆沙	**dòushā**	süße Paste aus Rotbohnen; süßer Bohnenbrei (als Kuchenfüllung)
馅儿	**xiànr**	Füllung
好吃	**hǎochī**	gut schmecken; köstlich
这样	**zhèyàng**	so; solch
咸	**xián**	salzig
肉	**ròu**	Fleisch

(南方)风味儿	(**nánfāng**) **fēngwèir**	Geschmack (der südchinesischen Küche); (südliche) Spezialitäten
枣泥儿	**zǎonír**	Dattelpaste
火腿	**huǒtuǐ**	Schinken
口水	**kǒushuǐ**	Speichel
流出来	**liúchūlai**	herausfließen
红枣	**hóngzǎo**	chinesische Dattel
不行	**bùxíng**	es geht nicht; unmöglich sein
饱	**bǎo**	satt
活动	**huódòng**	Veranstaltung; Tätigkeit
有的	**yǒude**	manche; einige
赛龙船	**sàilóngchuán**	Drachenbootwettbewerb
风俗	**fēngsú**	Sitte; Sitten und Gebräuche

III. Erläuterungen:

1. Zusammengesetzte Richtungsergänzungen: Wenn die Richtungsverben "去" **qù** oder "来" **lái** hinter "上" **shàng**, "下" **xià**, "进" **jìn**, "出" **chū**, "回" **húi**, "过" **guò** und "起" **qǐ** gesetzt werden, bilden sie zusammen mit ihnen Richtungsergänzungen, die hinter andere Verben treten können und die Richtung einer Handlung anzeigen. Z.B.: 走上来 **zǒu shànglai** (heraufkommen), 走进去 **zǒu jìnqu** (hineingehen), 流出来 **liú chūlai** (herausfließen), 寄回去 **jì húiqu** (zurückschicken), 买

回来 **mǎi húilai** (einkaufen), 拿过去 **ná guòqu** (hinübernehmen). Wenn es ein Objekt, das einen Ort oder eine Stelle anzeigt, hinter dem Verb gibt, soll es vor "来"oder "去"gesetzt werden. Z. B.: "他走进屋子里去。" **Tā zǒu jìn wūzi lǐ qù.** (Er geht in ein Haus hinein.) Wenn das Objekt eine Sache anzeigt, kann es entweder vor "来"oder"去"oder hinter ihnen stehen. Z.B.: "昨天我寄回去一封信。" **Zuótiān wǒ jì huíqù yì fēng xìn.** oder"昨天我寄回一封信去。" **Zuótiān wǒ jì huí yì fēng xìn qù.** (Gestern schickte ich einen Brief nach Hause.) "这几个粽子我带回去。" **Zhè jǐ ge zòngzi wǒ dài huíqu.** (Ich nehme einige Zongzi nach Hause mit.) "父亲带回 几个粽子来。" **Fùqin dài huí jǐ ge zòngzi lái.** (Mein Vater hat mir einige Zongzi mitgebracht.)

2. "我的口水都快流出来了。" **Wǒ de kǒushuǐ dōu kuài liú chūlai le.** (Das Wasser läuft mir im Mund zusammen.) Das Wort "都" **dōu** bedeutet hier "已经" **yǐjīng** (schon). Z. B.: "都十二点了，我们去吃饭吧!" **Dōu shíèr diǎn le, wǒmén qù chīfàn ba!** (Es ist schon zwölf Uhr, gehen wir zum Essen!)

IV. Übungen:

1. Lernen Sie folgende Sätze auswendig:

走上来　　走下去　　走过来　　走过去

带进来　　带进去　　坐下来　　坐下去
寄回来　　寄回去　　送回来　　送回去
拿过来　　拿过去　　爬上来　　爬上去
走出来　　走出去　　站起来　　吃下去

2. Setzen Sie in den folgenden Sätzen entsprechende zusammengesetzte Richtungsergänzungen ein:

1) 我从商店买________一件皮大衣。
2) 他在楼上说:"那是我的信,请你拿________吧。"
3) 香山太高了,我没爬________。
4) 这是米勒先生的衣服,请你给他带________。
5) 我看米勒先生走________家________了。

V. Wir lernen schreiben:

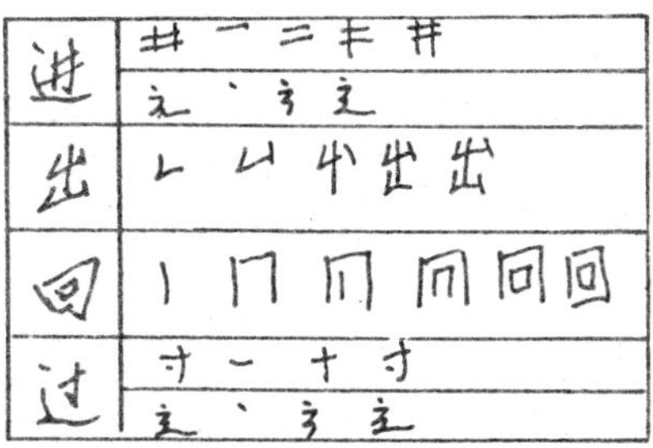

Lektion 19

喝 茶

Hē Chá

Tee trinken

I. Gespräch:

A: 天儿 真 热，咱们 去 喝 点儿
Tiānr zhēn rè, zánmen qù hē diǎnr
Wetter sehr heiß, wir gehen trinken etwas
汽水 吧！
qìshuǐ ba!
Limonade (Schlußpartikel)!

B: 还是 喝 茶 吧，喝 茶 更
Háishì hē chá ba, hē chá gèng
Doch besser trinken Tee, trinken Tee noch mehr
解 渴。
jiě kě.
stillen Durst.

A: 您 喜欢 喝 中国 的
Nín xǐhuan hē Zhōngguó de
Sie mögen trinken China (Genitivsuffix)
茶 吗？
chá ma?
Tee (Fragepartikel)?

B: 我 以前 不 习惯 喝 茶, 后来
Wǒ yǐqián bù xíguàn hē chá, hòulai
Ich früher nicht gewöhnen trinken Tee, später
越 喝 越 爱 喝。 现在
yuè hē yuè ài hē. Xiànzài
immer mehr trinken immer mehr mögen trinken. Jetzt
我 每天 都 要 喝 几 杯。
wǒ měitiān dōu yào hē jǐ bēi.
ich jeder Tag all wollen trinken einige Tasse.

A: 您 平时 喝 什么 茶?
Nín píngshí hē shénme chá?
Sie gewöhnlich trinken was Tee?

B: 夏天 喝 绿茶, 它 有 一 种
Xiàtiān hē lǜchá, tā yǒu yì zhǒng
Sommer trinken grüner Tee, es haben ein Sorte
特别 的 清香 味儿。 冬天
tèbié de qīngxiāng wèir. Dōngtiān
besondere erfrischend Geschmack. Winter
喝 红茶, 它 又 香
hē hóngchá, tā yòu xiāng
trinken schwarzer Tee, es sowohl duftend
又 浓, 冬天 喝 比较 好。
yòu nóng, dōngtiān hē bǐjiǎo hǎo.
als auch stark, Winter trinken relativ gut.

A: 您 对 中国 的 茶 还 很 有 研究。
Nín duì Zhōngguó de chá hái hěn yǒu yánjiū.
Sie zu China Tee noch sehr haben forschen.

B: 哪里， 哪里， 您 喜欢 喝
Nǎli, nǎli, nín xǐhuan hē
Ach woher, ach woher, Sie mögen trinken
什么 茶？
shénme chá?
was Tee?

A: 花茶， 它 既 有 茶 的
Huāchá, tā jì yǒu chá de
Jasmintee, es sowohl haben Tee
香味儿， 又 有 花 的 香味儿。
xiāngwèir, yòu yǒu huā de xiāngwèir.
Duft, als auch haben Blume Duft.

B: 花茶 我们 也 很 喜欢， 现在
Huāchá wǒmen yě hěn xǐhuan, xiànzài
Jasmintee wir auch sehr mögen, jetzt
我们 国家 喝 茶 的 人
wǒmen guójiā hē chá de rén
wir Land trinken Tee Mensch
越 来 越 多。
yuè lái yuè duō.
immer mehr immer mehr viel.

A: 前边儿 有 个 茶馆儿， 我们
Qiánbiānr yǒu ge cháguǎnr, wǒmen
Vorne haben (Zählwort) Teehaus, wir
去 喝 几 杯 吧！
qù hē jǐ bēi ba!
gehen trinken einige Tasse!

B: 我	还	想	买	两	包	茶叶。
Wǒ	**hái**	**xiǎng**	**mǎi**	**liǎng**	**bāo**	**cháyè.**
Ich	noch	wollen	kaufen	zwei	Päckchen	Tee.

A: 茶馆儿	旁边	就	有	茶叶店。
Cháguǎnr	**pángbiān**	**jiù**	**yǒu**	**cháyèdiàn.**
Teehaus	neben	nämlich	haben	Teeladen.

B: 太	好	了。
Tài	**hǎo**	**le.**
Zu	gut	(Finalpartikel).

Übersetzung:

A: Es ist sehr heiß, gehen wir etwas Limonade trinken!

B: Es ist doch besser, Tee zu trinken. Tee trinken ist noch durststillender.

A: Trinken Sie gerne chinesischen Tee?

B: Früher war ich nicht daran gewöhnt, Tee zu trinken, später trank ich Tee immer lieber. Jetzt pflege ich, jeden Tag einige Tassen zu trinken.

A: Welchen Tee trinken Sie gewöhnlich?

B: Im Sommer trinke ich grünen Tee, der einen besonderen erfrischenden Geschmack hat. Im Winter trinke ich schwarzen Tee, er ist sowohl duftend als auch stark und wird deshalb besser im Winter getrunken.

A: Sie kennen chinesischen Tee sehr gut.

B: Ach woher! Welchen Tee trinken Sie gerne?

A: Jasmintee. Er duftet sowohl nach Tee als auch nach Blumen.

B: Bei uns ist Jasmintee ebenfalls sehr beliebt; gegenwärtig gibt es in unserem Land immer mehr Menschen, die Tee trinken.

A: Da vorne gibt es ein Teehaus, gehen wir dort einige Tassen Tee trinken.

B: Ich möchte noch zwei Päckchen Tee kaufen.

A: Direkt neben dem Teehaus gibt es einen Teeladen.

B: Das ist ja prima!

II. Vokabeln:

天儿	**tiānr**	Wetter
咱们	**zánmen**	wir
汽水	**qìshuǐ**	Limonade; Brause
更	**gèng**	noch mehr
解渴	**jiěkě**	den Durst stillen, löschen
后来	**hòulái**	später; dann
越…越…	**yuè…yuè…**	je, …desto…
爱	**ài**	lieben; etwas gern haben
杯	**bēi**	Tasse
平时	**píngshí**	alltäglich; gewöhnlich; sonst
绿茶	**lǜchá**	grüner Tee
特别	**tèbié**	speziell; besonders
清香	**qīngxiāng**	erfrischend; wohl riechend
它	**tā**	es

香	**xiāng**	duftend; wohl riechend
浓	**nóng**	stark
对	**duì**	zu; gegenüber; über
研究	**yánjiū**	forschen; studieren; etw. gut kennen
花茶	**huāchá**	Jasmintee
既…又…	**jì…yòu…**	sowohl…als auch…
香味儿	**xiāngwèir**	Duft
花	**huā**	Blume
越来越	**yuèlái yuè**	immer mehr
前边儿	**qiánbiānr**	vorne
茶馆儿	**cháguǎnr**	Teehaus
包	**bāo**	Päckchen
茶叶	**cháyè**	Tee; Teeblätter
旁边	**pángbiān**	an der Seite; neben; an
茶叶店	**cháyèdiàn**	Teeladen

III. Erläuterungen:

1. "还是喝茶吧。""还是" **háishì** im Satz bedeutet: Es wäre besser, … Z. B.: "今天天儿不好,还是明天去吧!" **Jīntiān tiānr bù hǎo, háishì míngtiān qù ba!** (Heute ist das Wetter nicht schön, es ist doch besser, morgen auszugehen!) "还是买这件红颜色的吧!" **Háishì mǎi zhè jiàn hóng yánsè de ba!** (Kaufen Sie doch besser dieses rote Kleid!)

"还是坐汽车快。" **Hái shì zuò qìchē kuài.** (Mit dem Bus fahren wir doch schneller.) "还是" bedeutet im folgenden Satz „immer noch, nach wie vor". "想了又想,还是不能去。" **Xiǎng le yòu xiǎng, háishì bù néng qù.** (Lange hat man überlegt, kann (aber) immer noch nicht hingehen.) "还是" hat noch eine dritte Bedeutung „oder" Z. B.: "我写呢,还是你写呢?" **Wǒ xiě ne, háishì nǐ xiě ne?** (Schreibe ich, oder du schreibst?)

2. "越…越…" Diese Konstruktion drückt aus, daß das Maß einer Sache mit der Veränderung der gegebenen Bedingungen stärker wird. Z. B.: "雨越下越大。" **Yǔ yuè xià yuè dà.** (Es regnet immer stärker.) "这个菜我越吃越爱吃。" **Zhè ge cài wǒ yuè chī yuè ài chī.** (Diese Speise schmeckt mir immer besser.) "越来越…" diese Konstruktion drückt aus, daß das Maß einer Sache mit der Zeit stärker wird. Z. B.: "天气越来越冷。" **Tiānqì yuè lái yuè lěng.** (Es wird immer kälter.) "人越来越多。" **Rén yuè lái yuè duō.** (Es gibt immer mehr Menschen.) "他的中国话说的越来越好。" **Tā de zhōngguóhuà shuō de yuè lái yuè hǎo.** (Er spricht Chinesisch immer besser.)

IV. Übungen:

1. Lernen Sie folgende Sätze auswendig:

越下越大　越走越快　越走越远　越喝越渴

越说越高兴　越看越好看　越来越多

越来越热　越来越便宜　越来越好
越来越大　越来越好看

2．Versuchen Sie，mit folgenden Wörtern Sätze zu bilden：

1）喝茶　汽水　更　比　解渴
2）大　风　越来越　香山　去　我　不　了
3）多　人　太　坐汽车　骑自行车　还　是　吧　去

3．Beantworten Sie folgende Fragen：

1）你为什么不喝汽水？
2）你喜欢喝红茶还是绿茶？

V．Wir lernen schreiben：

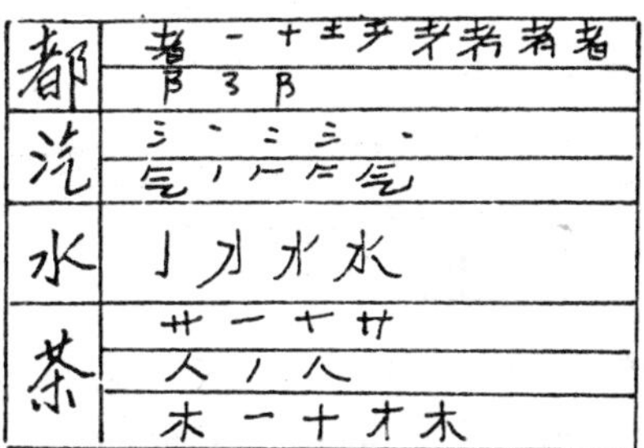

Lektion 20

去外地旅行
Qù Wàidì Lǚxíng
Auf Reisen gehen

I. Gespräch:

A:	好久	没	看见	您们	了,
	Hǎo jiǔ	**méi**	**kànjiàn**	**nínmen**	**le,**
	Lange	nicht	sehen	Sie	(Finalpartikel),

	是不是	出门儿	了?
	shìbúshì	**chūménr**	**le?**
	sein nicht sein	verreisen?	

B:	我们	去	外地	旅行	了。
	Wǒmen	**qù**	**wàidì**	**lǚxíng**	**le.**
	Wir	gehen	auswärts	reisen.	

A:	你们	去了	哪些	地方?
	Nǐmen	**qùle**	**nǎxiē**	**dìfang?**
	Sie	gehen	welche	Ort?

B:	先	去了	西安、	成都、	重庆,
	Xiān	**qùle**	**Xī'ān,**	**Chéngdū,**	**Chóngqìng,**
	Zuerst	gehen	Xī'an,	Chengdu,	Chongqing,

又	从	重庆	坐	船	去
yòu	**cóng**	**Chóngqìng**	**zuò**	**chuán**	**qù**
dann	von	Chongqing	fahren	Schiff	gehen

武汉、　上海。

Wǔhàn,　Shànghǎi.

Wuhan,　Shanghai.

A: 那么　一定　经过　长江

Nàme　yídìng　jīngguò　Chángjiāng

Also　sicher　durchfahren　Yangtse

三峡　了？

Sānxiá　le?

Drei Schluchten?

B: 我们　一路上　欣赏了　三峡

Wǒmen　yílùshang　xīnshǎng le　Sānxiá

Wir　auf dem Weg　besichtigen　Drei Schluchten

两　岸　的　风光，　真

liǎng　àn　de　fēngguāng,　zhēn

beide　Ufer　(Genitivsuffix)　Landschaft,　wirklich

是　美　极　了。

shì　měi　jí　le.

sein　schön　außergewöhnlich.

A: 苏州、　杭州　去　了　吗？

Sūzhōu,　Hángzhōu　qù　le　ma?

Suzhou,　Hangzhou　gehen　(Fragepartikel)?

B: 很　遗憾，　没　去，　在　上海　呆了

Hěn　yíhàn,　méi　qù,　zài　Shànghǎi　dāile

Sehr　schade,　nicht　gehen,　in　Shanghai　bleiben

两　天，　就　回来　了。

liǎng　tiān,　jiù　huílai　le.

zwei　Tag,　gleich　zurückkommen.

A: “上 有 天堂, 下 有
“Shàng yǒu tiāntáng, xià yǒu
“Oben haben Paradies, unten haben
苏杭”, 您们 没 去, 真
Sū Háng”, nínmen méi qù, zhēn
Su(zhou)Hang(zhou)”, Sie nicht gehen, wirklich
是 可惜。
shì kěxī.
sein bedauerlich.

B: 时间 太 紧 了, 等 天 凉快
Shíjiān tài jǐn le, děng tiān liángkuài
Zeit sehr knapp, warten Wetter kühl
了 再 去。 还 打算 去 福建、
le zài qù. Hái dǎsuàn qù Fújiàn,
wieder gehen. Noch vorhaben gehen Fujian,
广东、 海南岛。
Guǎngdōng, Hǎinándǎo.
Guangdong, Hainan Insel.

A: 这 次 旅行 玩儿 得
Zhè cì lǚxíng wánr de
Dies Mal Reise sich amüsieren (HV für AZ des Ergebnisses)
怎么样?
zěnmeyàng?
wie?

B: 非常 好, 我们 还 买 了 很 多
Fēicháng hǎo, wǒmen hái mǎi le hěn duō
Sehr gut, wir noch kaufen sehr viel

纪念品。

jìniànpǐn.

Souvenir.

Übersetzung:

A: Ich habe Sie lange nicht gesehen, waren Sie verreist?

B: Ja, wir waren unterwegs.

A: Wo waren Sie denn?

B: Zuerst waren wir in Xi'an, Chengdu und Chongqing, dann fuhren wir mit dem Schiff nach Wuhan und Shanghai.

A: Also, fuhren Sie bestimmt auch durch die Drei Schluchten des Yangtse?

B: Wir haben die Landschaft der Drei Schluchten an beiden Ufern bewundert, sie ist wirklich wunderschön.

A: „In Hangzhou und in Suzhou ist das Paradies auf Erden", heißt es. Es ist wirklich schade, daß Sie nicht dort waren.

B: Unsere Zeit war knapp. Wenn es kühler wird, werden wir dorthin fahren. Und wir wollen noch eine Reise nach Fujian, Guangdong und auf die Insel Hainan machen.

A: Wie war die Reise?

B: Sie war sehr schön; wir kauften mehrere Souvenirs.

II. Vokabeln:

外地	**wàidì**	auswärts; andere Landesteile
好久	**hǎojiǔ**	lange; lange Zeit
看见	**kànjiàn**	sehen
是不是	**shìbúshì**	ist es so, daß…
出门儿	**chūménr**	ausgehen; verreist sein
哪些	**nǎxiē**	welche
(坐)船	**(zuò) chuán**	(mit dem) Schiff (fahren)
又	**yòu**	dann; wieder, doch
那么	**nàme**	also
经过	**jīngguò**	durchfahren
一路(上)	**yílù(shang)**	(auf dem) Weg
欣赏	**xīnshǎng**	besichtigen; bewundern
岸	**àn**	Ufer
风光	**fēngguāng**	Landschaft
遗憾	**yíhàn**	bedauern; jemandem leid tun
呆(两天)	**dāi(liǎng tiān)**	bleiben; weilen (zwei Tage)
天堂	**tiāntáng**	Paradies
可惜	**kěxī**	schade; leider; bedauerlich
紧	**jǐn**	(Zeit) knapp; kurz
天	**tiān**	Wetter
打算	**dǎsuàn**	vorhaben; beabsichtigen
次	**cì**	Mal
纪念品	**jìniànpǐn**	Souvenir; Erinnerungsstück

中间，　所以　叫　中秋。　中秋节
zhōngjiān, suǒyǐ jiào Zhōngqiū. Zhōngqiūjié
Mitte, deshalb heißen Herbstmitte. Mondfest

也　是　中国　的 传统　节日。 这
yě shì Zhōngguó de chuántǒng jiérì. Zhè
auch sein China traditionell Fest. Dies

天　有　赏　月　吃　月饼
tiān yǒu shǎng yuè chī yuèbing
Tag haben bewundern Mond essen Mondkuchen

的　风俗。
de fēngsú.
Sitte.

B: 好，　晚上　我们　全　家　都　来。
Hǎo, wǎnshang wǒmen quán jiā dōu lái.
Gut, Abend wir ganz Familie all kommen.

B: 今天　晚上　的 月亮　特别　亮，
Jīntiān wǎnshang de yuèliang tèbié liàng,
Heute Abend Mond besonders hell,

特别　圆。
tèbié yuán.
besonders rund.

A: 月亮　圆　是　团圆　的　象征，
Yuèliang yuán shì tuányuán de xiàngzhēng,
Mond rund sein Zusammensein Symbol,

所以　中秋节　也　叫　团圆　节。
suǒyǐ zhōngqiūjié yě jiào tuányuán jié.
deshalb Mondfest auch heißen Familientreffen Fest.

B: 这 就 是 月饼 吧!
Zhè jiù shì yuèbing ba!
Dies ja sein Mondkuchen (Schlußpartikel)!

A: 对, 这 种 是 南方 风味 的,
Duì, zhè zhǒng shì nánfāng fēngwèir de,
Richtig, dies Sorte sein Süden Stil,
那 种 是 北方 风味 的。
nà zhǒng shì běifāng fēngwèir de.
jener Sorte sein Norden Stil.

B: 中秋节 为什么 要 吃 月饼
Zhōngqiūjié wèishénme yào chī yuèbing
Mondfest warum sollen essen Mondkuchen
呢?
ne?
(Fragepartikel)?

A: 月饼 也 是 圆 的。
Yuèbing yě shì yuán de.
Mondkuchen auch sein rund.

B: 你 看, 这 葡萄、 苹果、 桌子、
Nǐ kàn, zhè pútao、 píngguǒ、 zhuōzi、
Du sehen, dies Traube, Apfel, Tisch,
杯子、 盘子 也 都 是 圆 的。
bēizi、 pánzi yě dōu shì yuán de.
Tasse, Teller auch all sein rund.

B: 今天 晚上 我们 过 了
Jīntiān wǎnshang wǒmen guò le
Heute abend wir verbringen (Finalpartikel)

一 个 非常 愉快 的 夜晚，
yí ge fēicháng yúkuài de yèwǎn,
ein (Zählwort) sehr fröhlich Abend,
太 高兴 了。谢谢 你们！
tài gāoxing le. Xièxie nǐmen!
zu froh. Danken ihr!

A: 我们 也 很 愉快。
Wǒmen yě hěn yúkuài.
Wir auch sehr froh.

Übersetzung:

A: Darf ich deine ganze Familie einladen, heute abend bei uns das Mondfest zu feiern?

B: Das Mondfest, was ist das?

A: Heute ist der fünfzehnte Tag des achten Monats nach dem chinesischen Mondkalender, also gerade Mitte des Herbstes, deshalb nennt man den Tag „Zhongqiu"(Herbstmitte). Das Mondfest (Chinesisch: Zhongqiujie) ist ein traditionelles chinesisches Fest. Bei uns ist es Sitte, an diesem Tag im Mondschein Mondkuchen zu essen.

B: Prima, am Abend wird meine ganze Familie zu euch kommen.

B: Heute abend ist der Mond besonders hell und rund.

A: Der runde Mond ist ein Symbol für das Zusammensein, deshalb wird das Mondfest auch als „Fest des

Familientreffens“ bezeichnet.

B: Das ist ja Mondkuchen!

A: Richtig, diese Sorte ist eine südchinesische Spezialität, jene eine nordchinesische.

B: Warum werden die Mondkuchen am Mondfest gegessen?

A: Weil auch sie rund sind.

B: Sieh mal, die Trauben, Äpfel, Tassen, Teller und der Tisch hier sind alle ebenfalls rund.

B: Heute haben wir einen sehr schönen Abend verbracht, wir sind darüber sehr glücklich. Wir danken euch!

A: Wir sind auch sehr froh.

II. Vokabeln:

中秋节	**zhōngqiūjié**	Mondfest
回	**huí**	(Zählwort für Ereignisse)
事	**shì**	Sache
怎么回事?	**Zěnme huí shì?**	Was ist los? Was ist für eine Sache?
秋季	**qiūjì**	Herbst
中间	**zhōngjiān**	Mitte
所以	**suǒyǐ**	deshalb
中秋	**zhōngqiū**	Herbstmitte
赏月	**shǎng yuè**	zum Vollmond aufschauen
月饼	**yuèbing**	Mondkuchen
亮	**liàng**	hell

圆	**yuán**	rund
团圆	**tuányuán**	Zusammensein; Zusammenkommen; Familientreffen
象征	**xiàngzhēng**	Symbol; symbolisieren
团圆节	**tuányuánjié**	Fest des Familientreffens
葡萄	**pútao**	Traube
苹果	**píngguǒ**	Apfel
桌子	**zhuōzi**	Tisch
盘子	**pánzi**	Teller
夜晚	**yèwǎn**	Abend

III. Erläuterungen:

1. "怎么回事" **zěnme huí shì**: Wenn man nach einem Geschehen oder dessen Vorgang und Ursachen fragt, wird "怎么回事?" gebraucht. Z. B.: "他今天没来,是怎么回事?" **Tā jīntiān méi lái, shì zěnme huí shì?** (Was ist los, daß er heute nicht gekommen ist?) "端午节家家吃粽子是怎么回事?" **Duānwǔjié jiājiā chī zòngzi shì zěnme huí shì?** (Wie kommt es, daß Zongzi am Drachenbootfest in jeder chinesischen Familie gegessen wird?)
2. "太" **tài** ist ein Adverb; wenn es vor dem Adjektiv steht, zeigt es ein Übermaß an, z. B.: "这个菜太辣。" **Zhè ge cài tài là.** (Diese Speise ist zu scharf.) "坐车的人太多。" **Zuò chē de rén tài duō.** (Die Fahrgäste sind zu viel.) "早上八

点走太早了。"**Zǎoshang bā diǎn zǒu tài zǎo le.** (Um acht Uhr morgens auszugehen ist zu früh.)"这件衣服太大了。"**Zhè jiàn yīfu tài dà le.** (Dieses Kleidungsstück ist zu weit.)"你太客气了。"**Nǐ tài kèqi le.** (Du bist zu höflich.) Im Interfektionssatz drückt "太" das Höchstmaß aus, z.B.:"在中国过春节太有意思了。"**Zài Zhōngguó guò chūnjié tài yǒu yìsi le.** (In China das Frühlingsfest zu feiern ist sehr interessant.)"这儿的风景太美了。"**Zhèr de fēngjǐng tài měi le.** (Die Landschaft hier ist sehr schön.) "你的中国话说得太好了。"**Nǐ de zhōngguóhuà shuō de tài hǎo le.** (Du sprichst Chinesisch sehr gut.) Im verneinenden Satz bedeutet es "很"**hěn**(sehr). Z.B.:"这个菜不太辣。"**Zhè ge cài bú tài là.** (Diese Speise ist nicht sehr scharf.)"这种桔子不太酸。"**Zhè zhǒng júzi bú tài suān.** (Diese Sorte Mandarinen sind nicht sehr sauer.)"北京的冬天不太冷。"**Běijīng de dōngtiān bú tài lěng.** (In Beijing ist es im Winter nicht sehr kalt.)

IV. Übungen:

1. Bilden Sie mit folgenden Wörtern Sätze:

1) 下午　你　请　明天　家　来　我　喝茶
2) 得　高兴　晚上　今天　我们　非常　玩
3) 饺子　家家　的　春节　中国　吃

2. Ergänzen Sie folgende Fragen:

1) ________,是怎么回事?

2) ________,是怎么回事?

3) 冬天,去香山玩的人________。(太)

4) 坐汽车去,人________,我们骑自行车去吧。(太)

V. Wir lernen schreiben:

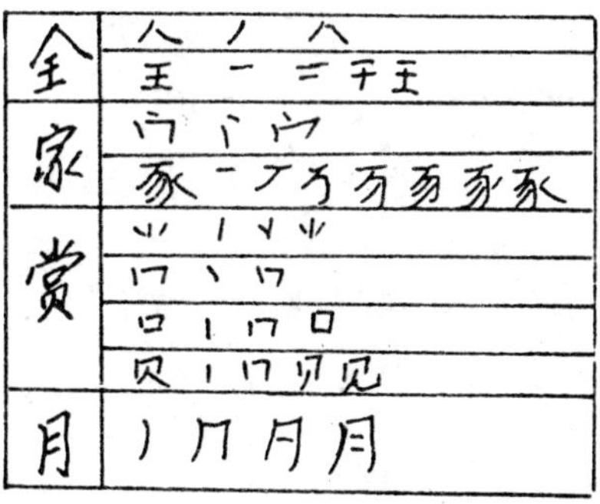

Lektion 22

看京剧

Kàn Jīngjù

In die Pekingoper gehen

I. Gespräch:

A:	您	喜欢	中国	的	京剧
	Nín	**xǐhuan**	**Zhōngguó**	**de**	**jīngjù**
	Sie	lieben	China	(Genitivsuffix)	Pekingoper
	吗?				
	ma?				
	(Fragepartikel)?				

B:	喜欢,	您	看	我	买	了
	Xǐhuan,	**nín**	**kàn**	**wǒ**	**mǎi**	**le**
	Lieben,	Sie	sehen	ich	kaufen	(Finalpartikel)
	很	多	京剧	的	脸谱。	
	hěn	**duō**	**jīngjù**	**de**	**liǎnpǔ.**	
	sehr	viel	Pekingoper		Gesichtsmaske.	

A:	这儿	有	两	张	票,	您	和
	Zhèr	**yǒu**	**liǎng**	**zhāng**	**piào,**	**nín**	**he**
	Hier	haben	zwei	(Zählwort)	Karte,	Sie	und
	您 的	夫人	去	看	吧!		
	nín de	**fūren**	**qù**	**kàn**	**ba!**		
	Sie	Frau	gehen	besuchen	(Schlußpartikel)!		

是　明天　晚上　的。
Shì míngtiān wǎngshang de.
Sein morgen abend.

B: 是　什么　戏?
Shì shénme xì?
Sein was Oper?

A: 有　“三岔口”,
Yǒu “Sān Chàkǒu”,
Haben „Drei Kreuzung,“
“贵妃　醉酒”
“Guìfēi zuìjiǔ”
„Kaiserliche Nebenfrau des höchsten Ranges betrunken“
什么的。
shénmede.
und so weiter.

B: 我们　听　不　懂　他　唱　的,
Wǒmen tīng bù dǒng tā chàng de,
Wir hören nicht verstehen er singen,
怎么　办?
zěnme bàn?
wie tun?

A: 有　字幕。　我　也　去,　可以　给
Yǒu zìmù. Wǒ yě qù, kěyi gěi
Haben Untertitel. Ich auch gehen, können für
您们　当　翻译。
nínmen dāng fānyì.
Sie als Dolmetscher.

B: 那 太 好 了。几 点 开演?

Nà tài hǎo le. Jǐ diǎn kāiyǎn?

Dies sehr gut. Wieviel Uhr Beginn der Aufführung?

A: 七 点。

Qī diǎn.

Sieben Uhr.

* * *

A: 埃舍尔 先生, 埃舍尔 夫人 您们 好!

Āishèěr xiānsheng, Āishèěr fūren nínmen hǎo!

Escher Herr, Escher Frau, Sie gut!

B: 啊, 您 来 了。您 的 票 是

A, nín lái le. Nín de piào shì

Ah, Sie kommen. Sie Karte sein

多少 号?

duōshao hào?

wieviel Nummer?

A: 五 排 八 号。

Wǔ pái bā hào.

Fünf Reihe acht Nummer.

B: 在 我 夫人 旁边。 您 坐 我

Zài wǒ fūren pángbiān. Nín zuò wǒ

In ich Frau neben. Sie sitzen ich

和 我 夫人 中间 吧, 可以

hé wǒ fūren zhōngjiān ba, kěyi

und ich Frau mitten, können

给　我们　翻译。
gěi wǒmen fānyì.
geben wir dolmetschen.

A: 好，我 去 买 一 份 节目单。
Hǎo, wǒ qù mǎi yí fèn Jiémùdān.
Gut, ich gehen kaufen ein (Zählwort) Programmheft.

B: 不 用 买 了。我 已经 买
Bú yòng mǎi le. Wǒ yǐjīng mǎi
Nicht brauchen kaufen. Ich schon kaufen
了 两 份。
le liǎng fèn.
zwei.

A: 谢谢！
Xièxie!
Danken!

Übersetzung:

A: Gefällt Ihnen die Pekingoper?

B: Ja, sehen Sie mal, ich habe mehrere Gesichtsmasken der Pekingoper gekauft.

A: Ich habe zwei Eintrittskarten für morgen abend, Sie können zusammen mit Ihrer Frau in die Oper gehen.

B: Was wird gegeben?

A: Es werden „Das Wirthaus am Scheideweg", „Die betrunkene Schönheit" und noch anderes aufgeführt.

B: Aber wir verstehen keine Gesangstexte, was sollen wir tun?

A: Die Gesangstexte werden an die Bühnenseite projiziert. Ich werde auch in die Oper gehen und kann für Sie dolmetschen.

B: Prima! Wann beginnt die Oper?

A: Um sieben Uhr.

* * *

A: Guten Abend, Frau und Herr Escher!

B: Ah! Sie sind da. Welche Sitznummer haben Sie?

A: Nummer 8 in der 5. Reihe.

B: Der Platz ist neben meiner Frau. Bitte setzen Sie sich zwischen meine Frau und mich, so können Sie für uns beide dolmetschen.

A: Gut! Ich gehe ein Programmheft kaufen.

B: Es ist nicht nötig. Ich habe schon zwei Exemplare gekauft.

A: Danke!

II. Vokabeln:

京剧	**jīngjù**	Pekingoper
脸谱	**liǎnpǔ**	Gesichtsmaske

(戏)票	**(xì)piào**	Theaterkarte
戏	**xì**	Oper; Opernstück
"三岔口"	**„Sānchàkǒu"**	„Das Wirthaus am Scheideweg"
"贵妃醉酒"	**„Guìfēi Zuìjiǔ"**	„Die betrunkene Schönheit"
什么的	**shémede**	und so weiter; und anderes mehr
听懂	**tīngdǒng**	verstehen
听不懂	**tīngbùdǒng**	nicht verstehen
唱	**chàng**	singen
怎么办	**zěnme bàn?**	was tun?
字幕	**zìmù**	Untertitel
当	**dāng**	als … fungieren; als … tätig sein
翻译	**fānyì**	dolmetschen, übersetzen; Dolmetscher, Übersetzer
开演	**Kāiyǎn**	Beginn (einer Vorstellung, Filmvorführung usw.)
排	**pái**	Reihe
号	**hào**	Platz
给	**gěi**	für
份	**fèn**	Exemplar (Zählwort)
节目单	**jiémùdān**	Programmheft

III. Erläuterungen:

1. Die Möglichkeitsergänzung: wird "得" **de** zwischen Verb und Ergebnisergänzung oder Richtungsergänzung

eingeschoben, wird eine Möglichkeit angezeigt, z. B.: "听得懂" **Tīng de dǒng**(verstehen können); "洗得不干净" **xǐ de bù gānjìng**(nicht sauber waschen können). Im Fragesatz: "听得懂吗" **Tīng de dǒng ma?** (Können Sie es verstehen?) 听得懂听不懂?" **Tīng de dǒng tīng bù dǒng?** (Können Sie es verstehen oder nicht?)

2. "在" **zai** als Ergänzung. Diese Konstruktion zeigt im allgemeinen den Ort einer Handlung an. Im Satz mit der Ergänzung "在" soll ein Objekt, das den Ort anzeigt, hinter "在" stehen. "他坐在我的旁边。" **Tā zuò zai wǒ de pángbiān.** (Er sitzt neben mir.) "我的取衣单忘在家里了。" **Wǒ de qǔyīdān wàng zai jiā lǐ le.** (Ich habe vergessen, meinen Wäscheabholzettel mitzunehmen.) "你的信放在桌子上了。" **Nǐ de xì fàng zai zhuōzi shàng le.** (Dein Brief ist auf den Tisch gelegt worden.)

IV. Übungen:

1. Lernen Sie folgende Sätze auswendig:

听得懂	听不懂	听得懂听不懂
吃得完	吃不完	吃得完吃不完
洗得干净	洗不干净	洗得干净洗不干净
回得来	回不来	回得来回不来
看得见	看不见	看得见看不见
看得懂	看不懂	看得懂看不懂

骑得快　　　　骑不快　　　　骑得快骑不快

2．Beantworten Sie folgende Fragen：

1）你昨天看京剧了吗？

2）你看得懂看不懂？

3）昨天的京剧唱得怎么样？

4）你坐在几排几号？你夫人坐在哪儿？

V．Wir lernen schreiben：

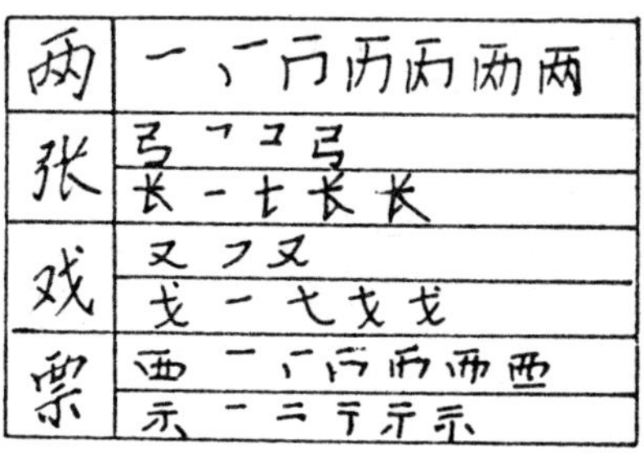

Lektion 23

收拾行李
Shōushi Xíngli
Koffer packen

I. Gespräch:

A:	你	的	行李	收拾	好
	Nǐ	**de**	**xíngli**	**shōushi**	**hǎo**
	Du	(Genitivsuffix)	Gepäck	packen	fertig

了	吗?
le	**ma?**
(Finalpartikel)	(Fragepartikel)?

B:	东西	太	多	了,	都	是	去
	Dōngxi	**tài**	**duō**	**le,**	**dōu**	**shì**	**qù**
	Sache	zu	viel,		all	sein	gehen

外地	旅行	的	时候	买
wàidì	**lǚxíng**	**de**	**shíhou**	**mǎi**
auswärts	reisen		Zeit	kaufen

的	纪念品。
de	**jìniànpǐn.**
(HV zur Darstellung vollendeter Handlung)	Souvenir.

A:	嗬!	真	不	少:	北京	的	景泰蓝、
	Hē!	**Zhēn**	**bù**	**shǎo:**	**Běijīng**	**de**	**jǐngtàilán,**
	Oh!	Wirklich	nicht	wenig:	Beijing		Cloisonné,

杭州 的 织锦、 苏州 的 刺绣，
Hángzhōu de zhījǐn, Sūzhōu de cìxiù,
Hangzhou Brokat, Suzhou Stickerei,
还 有 惠山 小 泥人…… 这
hái yǒu Huìshān xiǎo nírén…… Zhè
noch haben Huishan klein Tonfigur… Dies
个 大 花瓶 也 带回去 吗？
ge dà huāpíng yě dàihuíqu ma?
(Zählwort) groß Vase auch mitnehmen?

B: 带回去。 这 是 送给 我 母亲
Dàihuíqù. Zhè shì sònggěi wǒ mǔqīn
Mitnehmen. Dies sein schenken ich Mutter,
的， 她 喜欢 中国 的 瓷器。
de, tā xǐhuan Zhōngguó de cíqi.
sie lieben China Porzellan.

A: 那 你 得 抱 着 它 上
Nà nǐ děi bào zhe tā shàng
So du müssen in den Armen halten es besteigen
飞机 了！
fēijī le!
Flugzeug!

B: 不 用， 可以 托运。
Bú yòng kěyi tuōyùn.
Nicht brauchen, können zur Beförderung aufgeben.

A: 这 个 水烟袋 可 是 老古董 了。
Zhè ˊge shuǐyāndài kě shì lǎogǔdǒng le.
Dies (Zählwort) Wasserpfeife ja sein Antiquität.

B: 我 看 它 很 好玩儿, 买 个
Wǒ kàn tā hěn hǎowánr, mǎi ge
Ich sehen es sehr interessant, kaufen
做 纪念。
zuò jìniàn.
als Andenken.

A: 所有 手续 办 好 了 吗?
Suǒyǒu shǒuxù bàn hǎo le ma?
Alle Formalität erledigen fertig?

B: 都 办 好了, 飞机票 也 拿到
Dōu bàn hǎole, fēijīpiào yě nádào
All erledigen fertig, Flugkarte auch bekommen,
了, 后天 早上 九 点 的 飞机。
le, hòutiān zǎoshang jiǔ diǎn de fēijī.
übermorgen Morgen neun Uhr Flugzeug.

A: 后天 我 开车 送 你 去
Hòutiān wǒ kāichē sòng nǐ qù
Übermorgen ich fahren bringen du gehen
机场。
jīchǎng.
Flughafen.

B: 那 又 要 麻烦 你 了。
Nà yòu yào máfan nǐ le.
So wieder müssen belästigen du.

A: 哪儿 的 话。 太 客气 了。
Nǎr de huà. Tài kèqi le.
Wo Wort. Zu höflich.

Übersetzung:

A: Hast du die Koffer gepackt?

B: Es gibt zu viele Sachen, es sind alles Souvenirs, die ich während meiner Reise gekauft habe.

A: Ach ja! Das ist wirklich viel: Cloisonnés aus Beijing, Seidenbrokate aus Hangzhou, Stickereien aus Suzhou, kleine Huishan-Tonfiguren…, nimmst du diese große Vase auch nach Hause mit?

B: Ja, ich werde sie meiner Mutter schenken, ihr gefällt chinesisches Porzellan.

A: Du mußt sie beim Besteigen des Flugzeuges in den Armen halten!

B: Das ist nicht nötig, ich kann sie aufgeben.

A: Diese Wasserpfeife ist ja eine alte Rarität.

B: Ich finde sie wundervoll und habe sie als Andenken gekauft.

A: Hast du die Ausreiseformalitäten erledigt?

B: Alles ist bereits erledigt, und die Flugkarte habe ich auch bekommen; übermorgen vormittag um neun Uhr fliege ich ab.

A: Ich fahre dich mit dem Auto zum Flughafen.

B: Danke für dein Angebot.

A: Ach woher denn! Du bist zu höflich.

II. Vokabeln:

收拾	**shōushi**	etwas in Ordnung bringen; ordnen
行李	**xíngli**	Gepäck

东西	**dōngxi**	Sache; Ding
嗬	**hē**	oh
景泰蓝	**jǐngtàilán**	Cloisonné
织锦	**zhījǐn**	Brokat
刺绣	**cìxiù**	Stickerei
泥人	**nírén**	Tonfigur
花瓶	**huāpíng**	Vase
带回去	**dàihuíqu**	(nach Hause) mitnehmen
母亲	**mǔqīn**	Mutter
瓷器	**cíqì**	Porzellanwaren
抱	**bào**	in die Arme nehmen; in den Armen halten
着	**zhe**	(Hilfspartikel)
上	**shàng**	besteigen
飞机	**fēijī**	Flugzeug
托运	**tuōyùn**	etw. zur Beförderung aufgeben; etw. abtransportieren lassen
水烟袋	**shuǐyāndài**	Wasserpfeife
老古董	**lǎogǔdǒng**	Antiquität
做	**zuò**	als
纪念	**jìniàn**	Andenken
所有	**suǒyǒu**	alle
手续	**shǒuxù**	Formalität
办	**bàn**	machen; tun; erledigen
飞机票	**fēijīpiào**	Flugticket
拿到	**nádào**	bekommen

后天	**hòutiān**	übermorgen
开车	**kāichē**	fahren; ein Fahrzeug lenken
送	**sòng**	bringen
机场	**jīchǎng**	Flughafen
哪儿的话	**nǎr de huà**	woher denn

III. Erläuterung:

Die Hilfspartikel "着" **zhe**. Steht die Hilfspartikel "着" **zhe** hinter einem Verb, zeigt das einen Zustand an, z. B.: "桌子上放着水果。" **Zhuōzi shang fàng zhe shuǐguǒ.** (Auf dem Tisch liegt Obst.) "屋子里挂着漂亮的窗帘。" **Wūzi lǐ guà zhe piàoliàng de chuānglián.** (Im Raum hängen schöne Gardinen.) Im verneinenden Satz soll das Wort 没 **méi** (nicht) vor das Verb gesetzt werden, z. B.: "桌子上没放着水果。" **Zhuōzi shang méi fàng zhe shuǐguǒ.** (Auf dem Tisch liegt kein Obst.) "他没抱着花瓶上飞机。" **Tā méi bào zhe huāpíng shàng fēijī.** (Er trägt beim Besteigen des Flugzeuges keine Vase in den Armen.)

IV. Übungen:

1. Lernen Sie folgende Sätze auswendig:

   木箱里装着一个大花瓶。

   Mùxiāng lǐ zhuāng zhe yí gè dà huāpíng.

桌子上放着两斤香蕉。

Zhuōzi shang fàng zhe liǎng jīn xiāngjiāo.

艾伦旁边坐着一个孩子。

Àilún pángbiān zuò zhe yí ge háizi.

我没带着取衣单。

Wǒ méi dài zhe qǔyīdān.

他没带着钱。

Tā méi dàizhe qián.

他们坐着看报。

Tāmen zuò zhe kàn bào.

我们走着去银行。

Wǒmen zǒu zhe qù yínháng.

他站着说话。

Tā zhàn zhe shuōhuà.

孩子们唱着歌回家。

Háizimen chàng zhe gē huíjiā.

他看着报听京剧。

Tā kàn zhe bào tīng jīngjù.

2. **Beantworten Sie folgende Fragen:**

1) 这个饭店里住着多少人?

2) 你们怎么去香山?

3) 你喜欢这个东西,为什么今天不买呢?

4) 昨天带着孩子去哪儿玩去了?

V. Wir lernen schreiben:

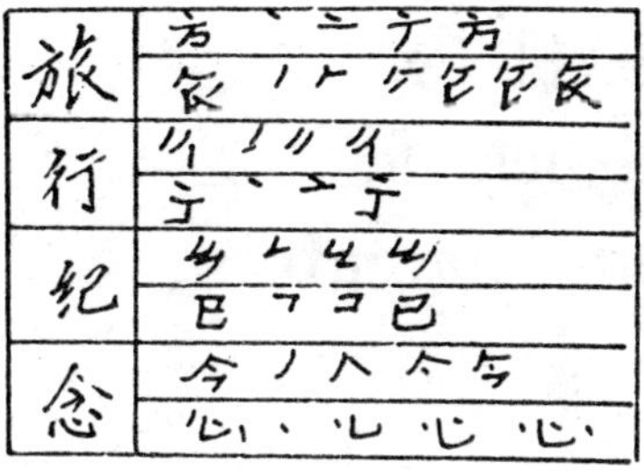

Lektion 24

在机场

Zài Jīchǎng

Auf dem Flughafen

I. Gespräch:

A: 哎呀, 老兄, 你 怎么 才 来!
Āiyā, lǎoxiōng, nǐ zěnme cái lái!
Oje, mein Lieber, du wie erst kommen!

B: 我 的 护照 忘 在 房间 里,
Wǒ de hùzhào wàng zài fángjiān lǐ,
Ich Paß vergessen in Raum in,

又 回去 找, 所以 来 晚
yòu huíqu zhǎo, suǒyǐ lái wǎn
wieder zurückgehen suchen, deshalb kommen spät

了。 你 着急 了 吧!
le. Nǐ zháojí le ba!
(Finalpartikel). Du ungeduldig (Schlußpartikel)!

A: 可不是, 飞机 马上 起飞 了。
Kěbúshì, fēijī mǎshàng qǐfēi le.
Aber ja, Flugzeug gleich abfliegen.

B: 哪里, 还 有 半 个
Nǎlǐ, hái yǒu bàn ge
Auf keinen Fall, noch haben halb (Zählwort)

小时　　　呢！　　　　　　你　真　　是
xiǎoshí　ne!　　　　　**Nǐ　zhēn　shì**
Stunde　　(Schlußpartikel)!　Du　wirklich sein
个　　急性子。
ge　　jíxìngzi.
　　　ungeduldiger Mensch.

A: 我　怕　　　　你　赶不上　　　　飞机。
Wǒ　pà　　　　nǐ　gǎn bú shàng　　fēijī.
Ich fürchten　　du　verpassen　　　　Flugzeug.

B: 怎么　　会　　　呢！
Zěnme　huì　　　ne!
Wie　　　können!

A: 赶不上　　　飞机，　　就　得　　在　中国
Gǎn bú shàng　fēijī,　　jiù　děi　　zài　Zhōngguó
Verpassen　　Flugzeug,　nur Müssen in　China
过　　　　圣诞节　　　了。
guò　　　shèngdànjié　le.
verbringen Weihnachten.

B: 你　的　　　　　　行李　都　托运
Nǐ　de　　　　　　xíngli　dōu　tuōyùn
Du　(Genitivsuffix) Gepäck all　zur Beförderung aufgeben
了　　吗？
le　　ma?
　　　(Fragepartikel)?

A: 昨天　　就　　托运　　　了。你　这　　个　　大
Zuótiān　jiù　　tuōyùn　　le. Nǐ　zhè　　ge　　dà
Gestern　schon abschicken.　Du　dies　　　　　groß

皮箱 得 托运，超重 要
píxiāng děi tuōyùn, chāozhòng yào
Lederkoffer müssen abgeben, Übergewicht sollen
罚钱 的。
fáqián de.
Geldstrafe.

B: 那，我 赶快 去 办 托运
Na, wǒ gǎnkuài qù bàn tuōyùn
Ja, ich sofort gehen erledigen abtransportieren lassen
手续，你 在 候机室 等 着 我。
shǒuxù, nǐ zài hòujīshì děng zhe wǒ.
Formalität, du in Wartesaal warten ich.

A: 别 着急，还 有 半 个 小时 呢！
Bié zháojí, hái yǒu bàn ge xiǎoshí ne!
Nicht besorgt, noch haben halb Stunde!

B: 这 回 你 也 不 着急 了。
Zhè huí nǐ yě bù zháojí le.
Diesmal (Zählwort) du auch nicht ungeduldig.

A: 我 这 个 急性子 遇上 你 这
Wǒ zhè ge jíxìngzi yùshang nǐ zhè
Ich dies ungeduldiger Mensch treffen du dies
个 慢性子，有 什么 办法 呢！
ge mànxìngzi, yǒu shénme bànfa ne!
geduldiger Mensch, haben was Mittel!

Übersetzung:

A: Oje, mein Lieber, du kommst aber sehr spät.

B: Ich hatte vergessen, meinen paß mitzunehmen, und bin wieder zurückgefahren, um den Paß zu holen. Deshalb bin ich so spät. Du bist sicher um mich besorgt gewesen.

A: Aber ja! Das Flugzeug fliegt doch gleich ab.

B: Ach woher denn, es dauert noch eine halbe Stunde! Du bist wirklich ein ungeduldiger Typ.

A: Ich fürchte eben, daß du das Flugzeug verpaßt.

B: Das wird nicht passieren!

A: Wenn du das Flugzeug verpassen würdest, müßtest du in China Weihnachten feiern.

B: Hast du dein Gepäck aufgegeben?

A: Ich schickte es bereits gestern ab. Du mußt deinen großen Lederkoffer aufgeben, sonst mußt du für Übergewicht eine Extra-Gebühr bezahlen.

B: Ja, ich gehe sofort die Formalitäten für die Gepäckaufgabe erledigen. Du wartest im Wartesaal auf mich.

A: Nicht so hastig! Es ist noch eine halbe Stunde Zeit.

B: Jetzt beweist du aber sehr viel Geduld.

A: Wenn man mit einem geduldigen Menschen wie dir zu tun hat, dann kann man nicht anders.

II. Vokabeln.

才	**cái**	erst
护照	**hùzhào**	Paß
着急	**zháojí**	sich aufregen; sich beunruhigen; besorgt sein
可不是	**kěbúshì**	aber ja
马上	**mǎshàng**	sofort; gleich
起飞	**qǐfēi**	abfliegen
急性子	**jíxìngzi**	ungeduldiger Typ
怕	**pà**	fürchten
赶不上	**gǎnbúshàng**	verpassen
会	**huì**	können; möglich sein
圣诞节	**shèngdànjié**	Weihnachten
皮箱	**píxiāng**	Lederkoffer
超重	**chāozhòng**	Übergewicht
罚钱	**fáqián**	Geldstrafe
赶快	**gǎnkuài**	schnell; sofort
候机室	**hòujīshì**	Wartesaal (des Flughafens)
别	**bié**	nicht
遇上	**yùshang**	begegnen
慢性子	**mànxìngzi**	geduldiger Mensch
办法	**bànfǎ**	Methode; Mittel; Maßnahme

III. Erläuterungen:

1. In vielen chinesischen Sätzen wird ein Objekt als Subjekt gebraucht, in diesem Sinne gelten die Sätze als Passive. Aber sie unterscheiden sich nicht in der Form von den Sätzen mit einem Subjekt als Handlungsträger. Z. B.: “这条裤子能洗干净吗?” **Zhè tiáo kùzi néng xǐ gānjing ma?** (Kann diese Hose sauber gewaschen werden?) “这块油洗掉了。” **Zhè kuài yóu xǐ diào le.** (Der Fettfleck ist abgewaschen worden.) “我的西服洗好了吗?” **Wǒ de xīfú xǐ hǎo le ma?** (Ist mein Anzug schon fertig gereinigt worden?) “这个大花瓶也带回去吗?” **Zhè ge dà huāpíng yě dài huíqu ma?** (Wird diese große Vase auch nach Hause mitgenommen?) “所有手续办好了。” **Suǒyǒu shǒuxù bàn hǎo le.** (Alle Formalitäten sind schon erledigt worden.) “飞机票也已经拿到了。” **Fēijī piào yě yǐjīng ná dào le.** (Den Flugschein habe ich auch schon bekommen.) “我的行李昨天就托运了。” **Wǒ de xíngli zuótiān jiù tuōyùn le.** (Mein Gepäck wurde gestern schon aufgegeben.)
2. Die Hilfspartikel “上” **shàng** zeigt das Ergebnis einer Handlung an, z. B.: “我买上飞机票了。” **Wǒ mǎi shang fēijī piào le.** (Ich habe die Flugkarte gelöst.) “他赶上今天上午八点的飞机了。” **Tā gǎn shang jīntiān shàngwǔ bā diǎn de fēijī le.** (Er hat das Flugzeug um acht Uhr heute vormittag nicht verpaßt.) “我回来晚了,没吃上饭。” **Wǒ huílai wǎn le, méi chī shang fàn.** (Ich bin zu spät

zurückgekommen und habe die Mahlzeit verpaßt.) “我没买上京剧票。” **Wǒ méi mǎi shang jīngjù piào.** (Ich habe keine Eintrittskarte für die Pekingoper kaufen können.)

3. Die Adverbien “就”**jiù** und “才”**cái** zeigen eine zeitliche Reihenfolge an. Z. B. “京剧七点开演，我们六点半就来了。”**Jīngjù qī diǎn kāiyǎn, wǒmen liù diǎn bàn jiù lái le.** (Die Pekingoper beginnt um 7 Uhr, wir sind schon um halb sieben im Theater.) Das Adverb “就”**jiù** wird im folgenden Zusammenhang gebraucht. “我的行李昨天就托运了。” **Wǒ de xíngli zuótiān jiù tuōyùn le.** (Mein Gepäck wurde gestern schon aufgegeben.) “六点我们就吃完饭了。”**Liù diǎn wǒmen jiù chīwán fàn le.** (Um sechs Uhr haben wir schon gegessen.) “才” **cái** hat die entgegengesetzte Bedeutung und zeigt an, daß der Sprecher meint, daß eine Sache sich sehr spät ereignet hat. Z. B.: “你怎么才来?” **Nǐ zěnme cái lái?** (Warum kommst du so spät?) “他九点才吃晚饭。”**Tā jiǔ diǎn cái chī wǎnfàn.** (Erst um neun Uhr ißt er zu Abend.)

IV. Übungen:

1. Lernen Sie folgende Wortgruppen auswendig:

买上票	没买上票
吃上饺子	没吃上饺子

坐上汽车	没坐上汽车
赶上飞机	没赶上飞机
喝上茅台	没喝上茅台
住上好房间	没住上好房间
遇上艾伦先生	没遇上艾伦先生
看上京剧	没看上京剧

2. Ergänzen Sie mit den Wörtern “就” und “才” die folgenden Sätze:

1) 飞机八点起飞，他八点十分____来。
2) 他今天身体不太好，九点钟____睡了。
3) 他在友谊商店买完东西____回家了。
4) 他早上出去晚上十一点____回来。

V. Wir lernen schreiben:

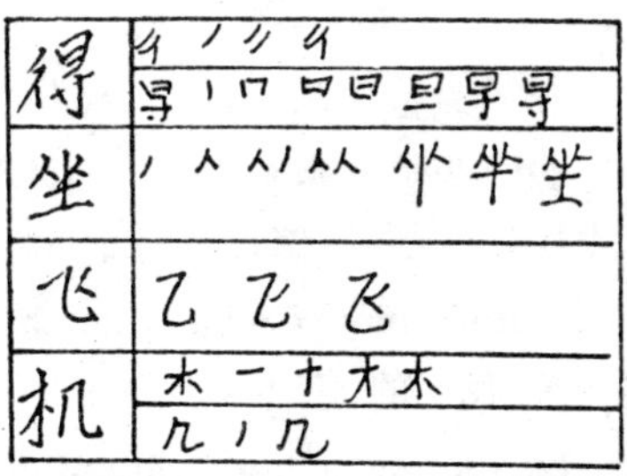

1. 夸 口
Kuākǒu
Großsprecherei

一 个 南方 人 向 北方 农民 夸口
Yí ge nánfāng rén xiàng běifāng nóngmín kuākǒu
说: “我们 那里 的 桔子 看上去 真
shuō: “Wǒmen nàlǐ de júzi kànshangqu zhēn
象 足球; 你 要是 在 那儿 砍 香蕉
xiàng zúqiú; Nǐ yàoshi zài nàr kǎn xiāngjiāo
的 话, 嘿, 不 留神 看, 还 以为 是 座
de huà, hēi, bù liúshén kàn, hái yǐwéi shì zuò
宝塔 呢!” 他 比比划划 地 越 说 越
bǎotǎ ne!” Tā bǐbǐhuàhuà de yuè shuō yuè
得意, 突然 绊倒 在 身 后 的 西瓜堆
déyì, tūrán bàndǎo zài shēn hòu de xīguāduī
上。 一 位 北方 农民 慢悠悠 地 说:
shàng. Yí wèi běifāng nóngmín mànyōuyōu de shuō:
“喂, 小心 点儿, 别 把 我 的 葡萄 压坏 了。”
“Wèi, xiǎoxīn diǎnr, bié bǎ wǒ de pútao yāhuài le.”

2. 地　震

Dìzhèn

Erdbeben

一　场　地震　过去　以后，　两　个
Yì chǎng dìzhèn guòqu yǐhòu, liǎng ge
朋友　谈论　刚才　发生　的　事情：
péngyou tánlùn gāngcái fāshēng de shìqing:
甲：　地震　时，你　害怕　了　吗？
Jiǎ: Dìzhèn shí, nǐ hàipà le ma?
乙：　没有，　当时　地　抖　得　比 我 还　厉害！
Yǐ: Méiyou, dāngshí dì dǒu de bǐ wǒ hái lìhai!

3. 过年的来历

Guònián de Láilì

Der Ursprung der Neujahrsfeier

传说 很 古 很 古 的 时代， 有
Chuánshuō hěn gǔ hěn gǔ de shídài, yǒu
一 种 非常 凶猛 的 野兽 叫 “年”。
yì zhǒng fēicháng xiōngměng de yěshòu jiào “Nián”。
到 了 冬天 没 有 吃 的 它 就 闯进
Dào le dōngtiān méi yǒu chī de tā jiù chuǎngjìn
村庄 来 骚扰， 弄得 人们 惶惶
cūnzhuāng lái sāorǎo, nòngde rénmen huánghuáng
不安。
hùān.

人们 后来 发现 “年” 害怕 红 颜色、
Rénmen hòulái fāxiàn “Nián” hàipà hóng yánsè、
火光 和 响声。 因此， 到 了 冬天 家家
huǒguāng hé xiǎngshēng. Yīncǐ, dào le dōngtiān jiājiā
户户 门 上 都 挂上 红 颜色 的
hùhù mén shang dōu guàshang hóng yánsè de
木板 门口儿 烧着 火堆， 夜里 不 睡觉，
mùbǎn, ménkǒur shāozhe huǒ duī, yèlǐ bú shuìjiào,

敲敲　打打　闹得　震　天　响。“年”下　山　一
qiāoqiāo dǎdǎ nàode zhèn tiān xiǎng. “Nián” xià shān yí
看，吓　得　回　头　就　跑，再　也　不敢　来　了。
kàn, xià de huí tóu jiù pǎo, zài yě bùgǎn lái le.
第　二　天　早上，　人们　高兴　地　互相
Dì èr tiān zǎoshang, rénmen gāoxìng de hùxiāng
祝贺，　杀　鸡　宰　羊，　欢庆　胜利。
zhùhè, shā jī zǎi yáng, huānqìng shènglì.

从此，　每　到　冬天　这　个　时候，　家家
Cóngcǐ, měi dào dōngtiān zhè ge shíhou, jiājiā
门　上　贴　红　对联、　点灯、　敲　锣　打
mén shang tiē hóng duìlián、diǎndēng、qiāo luó dǎ
鼓，夜里　通宵　守夜。　第　二　天　清早
gǔ, yèlǐ tōngxiāo shǒuyè. Dì èr tiān qīngzǎo
互相　祝贺。　这　就　是“过年”。
hùxiāng zhùhè. Zhè jiù shì “guònián”.

4. 找糖块儿

Zhǎo Táng Kuàir

Nach einem Bonbon suchen

有 一 天， 电影院 正 演 彩色
Yǒu yì tiān, diànyǐngyuàn zhèng yǎn cǎisè
故事片。 观众 都 看得入了神。
gùshipiān. Guānzhòng dōu kàn de rù le shén.
忽然， 有 一 位 老大爷 蹲 下去， 用
Hūrán, yǒu yí wèi lǎodàye dūn xiàqù, yòng
手 在 地下 摸， 正好 摸到 旁边
shǒu zài dìxià mō, zhènghǎo mōdào pángbiān
观众 的 一 只 脚。 人家 不 知道 是
guānzhòng de yì zhī jiǎo. Rénjiā bù zhīdào shì
怎么 回 事：“大爷， 您 找 什么?” 老大爷
zěnme huí shì: “Dàye, nín zhǎo shénme?” Lǎodàye
着急 地 说：“找 我 从 嘴里 掉 的 糖
zháojí de shuō: “Zhǎo wǒ cóng zuǐli diào de táng
块儿。” “掉 地下 了， 那 还 要 它 干
kuàir.” “Diào dìxià le, nà hái yào tā gàn
什么?” “不 行 啊， 我 的 假 牙 还 粘
shénme?” “Bù xíng a, wǒ de jiǎ yá hái zhān
在 糖 块儿 上 呢!”
zài táng kuàir shang ne!”

5. 画蛇添足

Huà Shé Tiān Zú

Eine Schlange malen und Füsse hinzuzeichnen

古 时候， 有 几 个 朋友 在 一起
Gǔ shíhou, yǒu jǐ ge péngyou zài yìqǐ
喝 酒。只 有 一 壶 酒，给 谁 喝 呢？一 个
hē jiǔ. Zhǐ yǒu yì hú jiǔ, gěi shuí hē ne? Yí ge
人 说：“我们 每 人 画 一 条 蛇，谁 先
rén shuō: “Wǒmen měi rén huà yì tiáo shé, shuí xiān
画 完， 就 给 谁 喝，好 吗？” 大家 都
huà wán, jiù gěi shuí hē, hǎo ma?” Dàjiā dōu
同意 了。
tóngyì le.

一 个 年轻 人 很 快 画 完 了。
Yí ge niánqīng rén hěn kuài huà wán le.
他 看 别人 还 没 画 完，就 给 蛇
Tā kàn biéren hái méi huà wán, jiù gěi shé
添了 几 只 脚。 这 时候， 一 个 人
tiānle jǐ zhī jiǎo. Zhè shíhou, yí ge rén
大声 说：“我 画 完 了，这 壶 酒 应该
dàshēng shuō: “Wǒ huà wán le, zhè hú jiǔ yīnggāi

给 我。" 年轻 人 着急 地 说： "是 我 第
gěi wǒ." Niánqīng rén zháojí de shuō: "Shì wǒ dì
一 个 画 完 的，我 还 给 蛇 画 了 几
yī ge huà wán de, wǒ hái gěi shé huà le jǐ
只 脚。" 那 个 人 说： "蛇 是 没有 脚 的，
zhī jiǎo." Nà ge rén shuō: "Shé shì méiyǒu jiǎo de,
你 现在 画 了 脚，就 不 是 蛇 了。第
nǐ xiànzài huà le jiǎo, jiù bú shì shé le. Dì
一 个 画 完 蛇 的 是 我，不 是 你。"
yī ge huà wán shé de shì wǒ, bú shì nǐ."
大家 都 说： "对，这 壶 酒 应该 给 他
Dàjiā dōu shuō: "Duì, zhè hú jiǔ yīnggāi gěi tā
喝。"
hē."

现在 我们 如果 看见 人 做 一 件
Xiànzài wǒmen rúguǒ kànjiàn rén zuò yí jiàn
事 时，多 做 些 不 必要 的 事，就 说
shì shí, duō zuò xie bú bìyào de shì, jiù shuō
他 "画 蛇 添 足。"
tā "huà shé tiān zú."

6. 都走了

Dōu Zǒu le

Alle (Gäste) sind weggegangen

我 认识 一 个 朋友， 他 一 说话， 就

Wǒ rènshi yí ge péngyou, tā yì shuōhuà, jiù

让 听 的 人 很 不 高兴。

ràng tīng de rén hěn bù gāoxìng.

有 一 天，他 过 生日， 在 饭馆 里

Yǒu yì tiān, tā guò shēngrì, zài fànguǎn lǐ

请客。 他 请 了 很 多 客人，可是 来

qǐngkè. Tā qǐng le hěn duō kèren, kěshì lái

得 很 少。 主人 有点儿 着急 了， 就 说：

de hěn shǎo. Zhǔrén yǒudiǎnr zháojí le, jiù shuō:

“你 看！ 该 来 的 没 来。” 客人 一 听，

“Nǐ kàn! Gāi lái de méi lái.” Kèren yì tīng,

以为 主人 说 自己 是 不 应该 来 的，很

yǐwéi zhǔrén shuō zìjǐ shì bù yīnggāi lái de, hěn

不 高兴。 于是 走 了 一些 人。主人 一

bù gāoxìng. Yúshì zǒu le yìxiē rén. Zhǔrén yí

看 更 着急 了， 就 说： “唉！ 不 该

kàn gèng zháojí le, jiù shuō: “Āi! Bù gāi

走 的 又 走 了。" 剩下 的 客人 以为 自己
zǒu de yòu zǒu le." Shèngxià de kèren yǐwéi zìjǐ
是 "应该 走 的", 于是 又 走 了 一些。
shì "yīnggāi zǒu de", yúshì yòu zǒu le yìxiē.
只 剩下 一 位 他 最好 的 朋友 没 走。
Zhǐ shèngxià yí wèi tā zuìhǎo de péngyou méi zǒu.
朋友 对 他 说: "你 说话 太 不 注意 了,
Péngyou duì tā shuō: "Nǐ shuōhuà tài bú zhùyì le,
把 客人 都 气 走 了。" 他 哭丧着
bǎ kèren dōu qì zǒu le." Tā kūsàngzhe
脸 说: "那些 话 不 是 对 他们 说 的
liǎn shuō: "Nàxiē huà bú shì duì tāmen shuō de
啊!" 这 位 朋友 一 听, 心里 想: "不
a!" Zhè wèi péngyou yì tīng, xīnli xiǎng: "Bú
是 对 他们 说 的, 一定 是 对 我 说
shì duì tāmen shuō de, yídìng shì duì wǒ shuō
的 了。" 于是, 这 位 客人 也 走 了。
de le." Yúshì, zhè wèi kèren yě zǒu le.

7. 吃粽子和划龙船
Chī Zòngzi hé Huá Lóngchuán
Über Zongzi und den Drachenbootwettbewerb

屈 原 是 战国 时代 楚国 伟大 的
Qū Yuán shì zhànguó shídài Chǔguó wěidà de
爱国 诗人。 他 投 江 以后， 人民 为 了
àiguó shīren. Tā tóu jiāng yǐhòu, rénmín wèile
悼念 他， 每逢 五月 初五 这 天， 都
dàoniàn tā, měiféng wǔyuè chūwǔ zhè tiān, dōu
坐 着 船 把 饭 投到 江里 祭祀 屈 原。
zuò zhe chuán bǎ fàn tóudào jiānglǐ jìsì Qū Yuán.
一 天 晚上， 他们 梦见 屈 原， 大家
Yì tiān wǎnshang, tāmen mèngjiàn Qū Yuán, dàjiā
问 他： "我们 给 您 的 米饭， 您 都 吃
wèn tā: "Wǒmen gěi nín de mǐfàn, nín dōu chī
了 吗?" 屈 原 说： "都 被 鱼、 虾、 龟、
le ma?" Qū Yuán shuō: "Dōu bèi yú、 xiā、 guī、
蚌 吃 了。" 大家 说： "那 怎么 办 呢?"
bàng chī le." Dàjiā shuō: "Nà zěnme bàn ne?"
屈 原 说： "如果 把 饭 包 起来， 做成
Qū Yuán shuō: "Rúguǒ bǎ fàn bāo qǐlai, zuòchéng

粽子， 它们 以为 是 菱角， 就 不
zòngzi， tāmen yǐwéi shì língjiǎo，jiù bù
敢 吃 了。"
gǎn chī le."

次年 五月 初五，他们 又 梦见 屈 原。
Cìnián wǔyuè chūwǔ，tāmen yòu mèngjiàn Qū Yuán.
屈 原 告诉 他们 粽子 还有 不 少 被
Qū Yuán gàosu tāmen zòngzi háiyǒu bù shǎo bèi
水族 吃 了，并且 说，如果 把 船 装扮
shuǐzú chī le，bìngqiě shuō，rúguǒ bǎ chuán zhuāngbàn
成 龙 的 样子，他们 以为 是 龙王
chéng lóng de yàngzi，tāmen yǐwéi shì lóngwáng
送来 的，就 一 个 也 不敢 吃了。一年
sònglái de，jiù yí ge yě bùgǎn chīle. Yìnián
一年 传下去，就 成 了 端午节， 也
yìnián chuánxiàqù，jiù chéng le duānwǔjié， yě
留下 了 吃 粽子 和 划 龙船 的 风俗。
liúxià le chī zòngzi hé huá lóngchuán de fēngsú.

8. 让麻雀住在一起

Ràng Máquè Zhù Zài Yìqǐ

Laß Sperlinge „Zusammenwohnen“

苏 东坡 的 邻居 请 他 和 另 一 个
Sū Dōngpō de línjū qǐng tā hé lìng yí ge
朋友 喝 酒。有 一 个 菜 是 红烧 麻雀，
péngyou hē jiǔ. Yǒu yí ge cài shì hóngshāo máquè,
一共 四 只，。那 位 朋友 一连 吃了 三 只，
yígòng sì zhī. Nà wèi péngyou yìlián chīle sān zhī,
还 有 一 只 他 让 苏 东坡 吃。
hái yǒu yì zhī tā ràng Sū Dōngpō chī.

苏 东坡 说：“你 都 吃 了 吧，让
Sū Dōngpō shuō: “Nǐ dōu chī le ba, ràng
四 只 麻雀 住 在 一起 不是 更 好 吗?”
sì zhī máquè zhù zài yìqǐ búshì gèng hǎo ma?”

9. 一切都解决了

Yíqiè Dōu Jiějué le

Alles ist in Ordnung

一 个 学 外语 的 学生， 听说 老师
Yí gè xué wàiyǔ de xuésheng, tīngshuō lǎoshī
病 了，想 去 看看。 他 的 老师 是 个
bìng le, xiǎng qù kànkan. Tā de lǎoshī shì ge
外国 人。这 个 学生 学习 很 不 好，
wàiguó rén. Zhè ge xuésheng xuéxí hěn bù hǎo,
老师 说话， 他 不 懂， 怎么 办 呢？ 他
lǎoshī shuōhuà, tā bù dǒng, zěnme bàn ne? Tā
想： “我 到 了 老师 家，就 问：“您 觉得
xiǎng: "Wǒ dào le lǎoshī jiā, jiù wèn: "Nín juéde
怎么样?" 他 一定 回答：“好 多 了!" 我
zěnmeyàng?" Tā yídìng huídá: "Hǎo duō le!" Wǒ
再 问：“您 吃 了 什么 药?" 他 一定 告诉
zài wèn: "Nín chī le shénme yào?" Tā yídìng gàosu
我 他 吃 的 药。我 再 问： “给 您 治病
wǒ tā chī de yào. Wǒ zài wèn: "Gěi nín zhìbìng
的 是 哪 位 大夫?" 他 一定 告诉 我 大夫
de shì nǎ wèi dàifu?" Tā yídìng gàosu wǒ dàifu

是　谁。
shì shuí.

他　从　书上　和　字典　里　找　到　他
Tā cóng shū shang hé zìdiǎn lǐ zhǎo dào tā
要　问　的　问题，准备　好，就　去　看　老师
yào wèn de wèntí, zhǔnbèi hǎo, jiù qù kàn lǎoshī
了。
le.

他　的　老师　正在　发烧，心里　很　烦燥。
Tā de lǎoshī zhèngzài fāshāo, xīnli hěn fánzào.
学生　问："老师，您　觉得　怎么样？"　老师
Xuésheng wèn: "Lǎoshī, nín juéde zěnmeyàng?" Lǎoshī
回答："我　难受　极　了。""啊，太　好　了！"
huídá: "Wǒ nánshòu jí le." "A, tài hǎo le!"
学生　高兴　地　说："您　吃　了　什么　药？"
Xuésheng gāoxìng de shuō: "Nín chī le shénme yào?"
"毒药！"　老师　生气　地　说。"啊，这　种
"Dúyào!" Lǎoshī shēngqì de shuō. "A, zhè zhǒng
药　很　不错！"　学生　又　问："哪　位
yào hěn búcuò!" Xuésheng yòu wèn: "Nǎ wèi
大夫　给　您　治　病　呢？"　老师　更　生气
dàifu gěi nín zhì bìng ne?" Lǎoshī gèng shēngqì
了，说："死神！"　学生　说："真　好，有
le, shuō: "Sǐshén!" Xuésheng shuō: "Zhēn hǎo, yǒu
这样　好　的　大夫，一切　都　解决　了。"
zhèyàng hǎo de dàifu, yíqiè dōu jiějué le."

10. 相声:正反话
Xiàngsheng: Zhèng Fǎn Huà
Komischer Dialog: Wechsel von Subjektund Objekt

A: 听说　你　的　中国话　说　得　不错。
Tīngshuō nǐ de zhōngguóhuà shuō de búcuò.

B: 不　敢当。
Bù gǎndāng.

A: 我们　用　中国话　表演　个　节目，
Wǒmen yòng zhōngguóhuà biǎoyǎn ge jiémù,
好吗？
hǎoma?

B: 没　问题。　说　相声　你　行　吗？
Méi wèntí. Shuō xiàngsheng nǐ xíng ma?

A: 那　很　容易，　说　什么　吧？
Nà hěn róngyi, shuō shénme ba?

B: 正　反　话。就　是　我　先　说　一　句
Zhèng fǎn huà. Jiù shì wǒ xiān shuō yí jù
话，你　再　把　这　句　话　倒过来　说。
huà, nǐ zài bǎ zhè jù huà dàoguòlai shuō.

A: 好　试试　吧！
Hǎo, shìshi ba!

B: 开始　了。我　爱　北京。

Kāishǐ le. Wǒ ài Běijīng.

A: 北京　爱　我。

Běijīng ài wǒ.

B: 我　爱　你。

Wǒ ài nǐ.

A: 你　爱　我。

Nǐ ài wǒ.

B: 我　包　饺子。

Wǒ bāo jiǎozi.

A: 饺子　包　我。哎，我　这么　大　的　人，包

Jiǎozi bāo wǒ. Āi, wǒ zhème dà de rén, bāo

得　进去　吗！重来！

de jìnqù ma! Chónglái!

B: 我　吃　鱼。

Wǒ chī yú.

A: 鱼　吃　我。　哎呀！　我　什么　时候　掉进

Yú chī wǒ. Āiya! Wǒ shénme shíhou diàojìn

海里　去　了？不　行，再　来！

hǎilǐ qù le? Bù xíng, zài lái!

B: 再　说错　了，怎么　办？

Zài shuōcuò le, zěnme bàn?

A: 请　你　吃　烤鸭！

Qǐng nǐ chī kǎoyā!

B: 开始　了！我　喝　啤酒，不　喝　茅台。

Kāishǐ le! Wǒ hē píjiǔ, bù hē máotái.

A: 啤酒　我　喝，　茅台　我　不　喝。

Píjiǔ　wǒ　hē,　máotái wǒ　bù　hē.

B: 我　可以　打　儿子，　儿子　不　可以　打　我。

Wǒ kěyi　dǎ　érzi,　érzi　bù　kěyi　dǎ　wǒ.

A: 儿子　可以　打　我，　我　不　可以　打　儿子。

Érzi　kěyi　dǎ　wǒ,　wǒ　bù　kěyi　dǎ　érzi.

啊？　这　不是　乱　了　套　了　吗！

A?　Zhè búshì　luàn le　tào　le　ma!

11. 幸亏没住楼下

Xìngkuī méi zhù lóuxià

Glücklicherweise wohnen wir nicht unten

有 一 个 年轻 人，刚刚 结婚，他
Yǒu yí ge niánqīng rén, gānggāng jiéhūn, tā
和 妻子 正在 寻找 住处。他们 看 了 很
hé qīzi zhèngzài xúnzhǎo zhùchù. Tāmen kàn le hěn
多 地方，都 不 满意。最后 总算 找到
duō dìfang, dōu bù mǎnyì. Zuìhòu zǒngsuàn zhǎodào
一 栋 单元楼，但是 还 有 一 个 问题：
yí dòng dānyuánlóu, dànshì hái yǒu yí ge wèntí:
住在 楼上 呢，还是 住在 楼下？
Zhùzài lóushàng ne, háishi zhùzài lóuxià?

最后，他们 决定 还是 住在 二 楼，二
Zuìhòu, tāmen juédìng háishi zhùzài èr lóu, èr
楼 不 太 低，也 不 太 高。于是 他们
lóu bú tài dī, yě bú tài gāo. Yúshi tāmen
搬进去 了。他们 的 新 房 里 挂着 漂亮
bānjìnqu le. Tāmen de xīn fáng lǐ guàzhe piàoliang

富翁 的 意思 是："没 有 鸡 鸭，也
Fùwēng de yìsi shì: "Méi yǒu jī yā, yě
可以；没有 鱼 肉，也 可以；青菜 一 盘
kěyǐ; méiyǒu yú ròu, yě kěyǐ; qīngcài yì pán
就 够 了。"没 想到 第 一 次 吃饭，
jiù gòu le." Méi xiǎngdào dì yī cì chīfàn,
这 位 老师 就 大 声 喊 了 起来：
zhè wèi lǎoshī jiù dà shēng hǎn le qǐlai:
"怎么 都 是 青菜？一 点儿 鱼 肉 也
"Zěnme dōu shì qīngcài? Yì diǎnr yú ròu yě
没有？纸条 上 不是 写 了吗，没有 鸡，
méiyǒu? Zhǐtiáo shang bú shì xiě le ma, méiyǒu jī,
鸭 也 可以；没有 鱼，肉 也 可以；青菜
yā yě kěyǐ; méiyǒu yú, ròu yě kěyǐ; qīngcài
一 盘 就 够 了。"
yì pán jiù gòu le."

结果，你 说 你 有 理，他 说 他 有
Jiéguǒ, nǐ shuō nǐ yǒu lǐ, tā shuō tā yǒu
理，吵 个 不 停。
lǐ, chǎo ge bù tíng.

VOKABELN

A

a	啊	ah (Finalpartikel zur Bildung eines Aufrufesatzes)	16
āi	哎	Ach! (Interjektion)	10
ài	唉	Ach! O weh! (Interjektion)	A6
ài	爱	lieben, etw. gern haben	19
àiguó	爱国	patriotisch	A7
āiya	哎呀	Oje! Ah! Meine güte! (Interjektion)	9
àn	岸	Ufer	20
Àodìlìrén	奥地利人	Österreicher	1

B

ba	吧	(Schlußpartikel)	3
bā	八	acht	2
bádiào	拔掉	ziehen	17
bǎ	把	(Strukturpartikel)	10
bǎi	百	hundert	3
bǎizhe	摆着	liegen	A11
bàinián	拜年	Neujahrsbesuch machen	14
bàn	办	machen; tun; erledigen	23

bāndào	搬到	einziehen	A11
bàndǎo	绊倒	stolpern; straucheln	A1
bànfa	办法	Methode; Mittel; Maßnahme	24
bànge	半个	halb	5
bàngōngshì	办公室	Büro	2
bānjìn	搬进	einziehen	A11
bànyè	半夜	Mitternacht	A11
bàng	蚌	Süßwassermuschel	A7
bāo	包	Päckchen	19
bāoguǒ	包裹	Paket	6
bāo(jiǎozi)	包(饺子)	(Jiaozi) machen	A10
bāoqǐlai	包起来	einwickeln	A7
bāor	包儿	Päckchen	16
bāo(zòngzi)	包(粽子)	(Zongzi) machen, einwickeln	18
bǎo	饱	satt	18
bǎotǎ	宝塔	Pagŏde	A1
bào	抱	in die Arme nehmen; in den Armen halten	23
bào(zhǐ)	报(纸)	Zeitung	5
bàozhú	爆竹	Feuerwerk	14
bēi	杯	Tasse	19
běifāng	北方	Norden	13
Běijīng	北京	Beijing(Hauptstadt der VR China)	11
Běijīng Dàxué	北京大学	Die Peking-Universtät	2
Běijīng Fàndiàn	北京饭店	Beijing-Hotel	7
bèi	被	(Hilfsverb für Passiv)	A7
bǐ	比	zu; als; vergleichen	3,14

bǐbǐhuàhuà	比比划划	mit lebhaften Gesten; jmdm. etw. durch Gesten begreiflich machen	A1
bǐjiào	比较	relativ; recht	13
bìyào	必要	nötig; notwendig	A5
biāodiǎn fúhào	标点符号	Interpunktionszeichen	A12
biǎoyǎn (jiémù)	表演（节目）	eine Vorstellung geben; etw. vorführen	A10
bié	别	nicht	24
biéde	别的	andere	4
biéren	别人	anderer	A5
bīnguǎn	宾馆	Hotel	7
bìng	病	krank	17
bìngqiě	并且	und, ferner	A7
bú(od. bù)	不	nicht	1
búcuò	不错	nicht schlecht	11
búdà	不大	nicht sehr; nicht so	15
bú kèqì	不客气	nichts zu danken	2
bú xiè	不谢	nichts zu danken	7
bù yihuìr	不一会儿	kurz darauf	A11
búyòng	不用	etw. nicht brauchen; nicht nötig sein	11
bùgǎndāng	不敢当	Sie machen (mir) Komplimente; zu viel (der) Ehre	A10
bùqiǎo	不巧	leider	2
bùshǎo	不少	nicht wenig	A7
bùtíng	不停	unaufhörlich; ununterbrochen	A12
bùxíng	不行	es geht nicht; unmöglich sein	18

C

cái	才	erst	24
cǎisè	彩色	Farbe, Farb…	A4
cài	菜	Speise	4
cānguān	参观	besichtigen	15
cānjiā	参加	teilnehmen	12
céng	层	Stock	2
chá	茶	Tee	1
cháguǎnr	茶馆儿	Teehaus	19
cháyè	茶叶	Tee; Teeblätter	19
cháyèdiàn	茶叶店	Teeladen	19
chà(yīkè sìdiǎn)	差(一刻四点)	ein Viertel vor vier	5
chàbuduō	差不多	fast gleich; fast alle	15
cháng	常	oft	13
cháng	尝	probieren; kosten; verkosten	16
Chángchéng	长城	die Große Mauer	15
Chángjiāng	长江	Yangtse	20
chángshòu	长寿	langlebig	16
chángshòu miàn	长寿面	Nudel der Langlebigkeit	16
chángtú diànhuà	长途电话	Ferngespräch	16
chǎng	场	(Zählwort für Vorgänge, wie Naturerscheinungen, Kultur- und Sportveranstaltungen)	A2
chàng	唱	singen	22
chāozhòng	超重	Übergewicht	24
chǎo	吵	mit jmdm. streiten	A12
chǎosi	吵死	ständig von Lärm belästigt	A11

chǎo xiārén	炒虾仁	Gebratenes Garnelenfleisch	4
chē	车	Wagen	7
chēng	称	wiegen	6
Chéngdū	成都	Chengdu (Hauptstadt der Provinz Sichuan)	20
chī	吃	essen	4
chīfàn	吃饭	essen	2
chī(yào)	吃(药)	(Medizin) einnehmen	17
chóngláі	重来	von neuem anfangen	A10
Chóngqìng	重庆	Chongqing (Großstadt in der Provinz Sichuan)	20
chōuyān	抽烟	rauchen	1
chūlai	出来	heraus (kommen) (Richtungsverb)	18
chū ménr	出门儿	ausgehen; verreist sein	20
chūqu	出去	ausgehen; hinaus (gehen) (Richtungsverb)	2,5,18
chúxī	除夕	Silvester	14
Chǔguó	楚国	Staat Chu (eines der Streitenden Reiche)	A7
(zuò)chuán	(坐)船	(mit dem) Schiff (fahren)	20
chuánshuō	传说	Legende; Sage; Überlieferung	A3
chuántǒng	传统	Tradition; traditionell	14
chuánxiàqù	传下去	überliefern; weitergeben	A7
chuānglián	窗帘	Gardine	23
chuǎngjìng	闯进	hineingestürzt kommen; mit der Tür ins Haus fallen	A3
chūnjié	春节	Frühlingsfest	14

chūnlián	春联	Neujahrsspruchrollen	14
chūntiān	春天	Frühling	13
cíqì	瓷器	Porzellanwaren	20
cì	次	Mal; Zweite; nächst; nachfolgend	20
cìxiù	刺绣	Stickerei	23
cóng	从	von	7
cóngcǐ	从此	von nun an	A3
cóngqián	从前	früher	A12
cūnzhuāng	村庄	Dorf	A3

D

dǎ	打	schlagen	A10
dǎ(diànbào)	打(电报)	telegraphieren	6
dǎ(diànhuà)	打(电话)	telefonieren	2
dǎkāi	打开	öffnen; aufmachen	16
dǎsuàn	打算	vorhaben; beabsichtigen	20
dǎtīng	打听	sich erkundigen	7
dǎzhēn	打针	eine Spritze geben; injizieren	17
dà	大	groß	8
dàjiā	大家	alle	12
dànián chūyī	大年初一	der erste Tag des Frühlingsfests	14
dàshēng	大声	laut	A5
dàye	大爷	(Kurzform für **Lǎodàye**)	A4
dāi (liǎngtiān)	呆(两天)	bleiben, weilen (zwei Tage)	20

dài	带	mitnehmen; etwas bei sich haben	9
dàifu	大夫	Arzt; Doktor	17
dàihuíqu	带回去	(nach Hause) mitnehmen	23
dānyuán lóu	单元楼	Appartmenthaus	A11
dàngāo	蛋糕	Torte	16
dànshì	但是	aber	A11
dāng	当	als … fungieren; als … tätig sein	22
dāngrán	当然	natürlich	10
dāngshí	当时	gerade in diesem Augenblick	A2
dàoguòlai	倒过来	umgekehrt	A10
dào	到	gelangen; nach (… hin); sich (an einen Ort) begeben	7
dàoniàn	悼念	um jemanden trauern; betrauern	A7
de	的	(Zeichen für Gen.)	1
de	得	(Strukturpartikel)	12
Déguóren	德国人	Deutscher	1
dehuà	的话	(Substantiv als Konjuktion) wenn	A1
déyì	得意	stolz; selbstgefällig	A1
děi	得	brauchen; benötigen; müssen; erforderlich sein	17
dēng	灯	Lampe; Lampion	A3
děng	等	warten	5
dī	低	niedrig	A11
dì	地	Erde, Boden	A2
dìdi	弟弟	jüngerer Bruder	6
dìfang	地方	Ort	5
dìxià	地下	Boden	A4
dìyīcì	第一次	das erste Mal; zum ersten Mal	A12

dìyīgè	第一个	der Erste; hier: als der Erste	A5
dìzhèn	地震	Erdbeben	A2
diǎn	点	Uhr; Punkt; anzünden; nachzählen	3
diǎnr	点儿	ein bißchen	8
diànbào	电报	Telegramm	6
diànhuà	电话	Telefon	2
diànhuà hàomǎ	电话号码	Telefonnummer	2
diànyǐngyuàn	电影院	Kino	A4
diāopí	貂皮	Zobelpelz	10
diào	掉	abfallen; herunterfallen	A4
diàojìn	掉进	hineinfallen	A10
dǐng	顶	Spitze; Gipfel	15
dōngtiān	冬天	Winter	13
dōngxi	东西	Sache; Ding	23
dǒng	懂	verstehen	A9
dòng	栋	(Zählwort für Häuser)	A11
dòngwuyuán	动物园	Zoo	7
dōu	都	all; ganz; schon	7
dǒu	抖	zittern; beben; schütteln	A2
dòushā	豆沙	süße Paste aus Rotbohnen, süßer Bohnenbrei (als Kuchenfüllung)	18
dúyào	毒药	Gift	20
dùziténg	肚子疼	Bauchschmerz	17
duānwǔjié	端午节	Drachenbootfest	18
duì	对	richtig; zu; gegenüber; über	3,19
duìbùqǐ	对不起	Entschuldigung	1
duìhuàndān	兑换单	Wechselformular	3

duìhuànlǜ	兑换率	Wechselkurs	3
duìlián	对联	Spruchrollen (Pl.)	A3
duìmiàn	对面	gegenüber	
dūn	蹲	sich (nieder) hocken	A4
duō	多	viel; mehr	14
duōshao	多少	wieviel	2

E

èr	二(2)	zwei	2
èrlóu	二楼	erster Stock	A11
érzi	儿子	Sohn	1

F

fāshāo	发烧	Fieber haben	17
fāshēng	发生	geschehen; sich ereignen	A2
fāxiàn	发现	entdecken; finden; merken	A3
fáqián	罚钱	Geldstrafe	24
fānyì	翻译	dolmetschen, übersetzen; Dolmetscher, Übersetzer	22
fánzào	烦燥	beunruhigt; ungeduldig	20
fàn	饭	Essen; Reis	A7
fàncài	饭菜	Essen	A12
fàndiàn	饭店	Restaurant; Hotel	11

fànguǎn	饭馆	Restaurant	A6
fángjiān	房间	Zimmer	2
fàng	放	legen; liegen	23
fàng(bàozhú)	放(爆竹)	(Feuerwerk) abbrennen	14
fēi	非	nicht	15
fēicháng	非常	sehr	6
fēijī	飞机	Flugzeug	23
fēijīpiào	飞机票	Flugticket	23
féi	肥	weit (z. B. Kleider, Hosen)	10
fēn	分	Fen (= Pfennig)	3
fēn(zhōng)	分(钟)	Minute	5
fèn	份	Portion; Exemplar(Zählwort)	4,22
fēng	封	(Zählwort für Briefe)	6
fēngguāng	风光	Landschaft	20
fēngjǐng	风景	Landschaft	15
fēngshù	枫树	Ahorn	11
fēngsú	风俗	Sitte; Sitten und Gebräuche	18
(nánfāng) fēngwèir	(南方) 风味	Geschmack (der südchinesischen Küche), (südliche) Spezialitäten	18
fūren	夫人	Frau	1
fùqin	父亲	Vater	6
Fújiàn	福建	Fujian (ostchinesische Provinz)	20
fùwēng	富翁	reicher Mann	A12

G

gāi	该	sollen	A6

gānbēi	干杯	prost; austrinken	12
gānjìng	干净	sauber	9
gānzào	干燥	trocken	13
gǎn	敢	etw. zu tun wagen; sich erkühnen	A3
gǎnbúshang	赶不上	verpassen	24
gǎnkuài	赶快	schnell, sofort	24
gàn	干	tun, machen	
(**Yào tā gàn shénme?**	要它干什么?	Wozu brauchen Sie es?)	A4
gāng	刚	eben, erst	12
gāngcái	刚才	eben; gerade; soeben	A2
gānggāng	刚刚	gerade; genau; just	A11
gāo	高	hoch	11
gāoxìng	高兴	sich freuen	1
gàosu	告诉	sagen	A7
gē	歌	Lied	23
gè	个	Stück (Zählwort)	4
gěi	给	geben; (Dativpräfix); für	6,22
gēn	跟	mit; wie	14
gēnběn	根本	absolut	A11
gèng	更	noch mehr	19
gōnggěi	供给	anbieten; jmdm. mit etw. versorgen	A12
gōnggòng qìchē	公共汽车	Bus	7
gōngjīn	公斤	Kilogramm	8
gōngqián	工钱	Lohn, Gehalt	A12
gōngyuán	公园	Park	11

gōngzuò	工作	arbeiten	6
gòu	够	ausreichen; genügen; genug	A12
gǔ	古	alt; alte Zeit	A3
gǔ	鼓	Trommel	A3
gùshìpiān	故事片	Spielfilm	A4
guāfēng	刮风	windig	11
guàhào	挂号	sich anmelden (beim Arzt)	17
guàshang	挂上	hängen	A3
guàzhe	挂着	hängen	23
(wǎng yòu) guǎi	(往右)拐	(nach rechts) abbiegen	7
guānzhòng	观众	Zuschauer	A4
guǎnyòng	管用	wirksam	17
Guǎngdōng	广东	Guangdong (südchinesische Provinz)	20
Guǎngxī	广西	Guangxi (Autonomes Gebiet der Zhuang-Nationalität)	16
guī	龟	Schildkröte	A7
guì	贵	teuer	8
Guìfēi Zuì Jiǔ	贵妃醉酒	Die betrunkene Schönheit	22
Guìlín	桂林	Guilin (bekannt durch Karstlandschaft)	16
guójiā	国家	Staat, Land	13
guò	过	verbringen; vorüber sein, verstreichen; (Adverbialer Zusatz des Ergebnisses)	12,17
guòlai	过来	herüber (kommen) (Richtungsverb)	18

guònián	过年	Neujahr feiern	12
guòqù	过去	früher; hinüber (gehen) (Richtungsverb); vorbei sein; vorbeigehen	18
guò shēngrì	过生日	Geburtstag feiern	16

H

hái	还	noch	4
háikěyi	还可以	es geht; leidlich sein	13
háishì	还是	oder (bei Alternativfragen)	8
háizi	孩子	Kind	12
hǎi	海	Meer; See	A10
Hǎinándǎo	海南岛	Insel Hainan	20
hàipà	害怕	Angst haben	A2
hǎn	喊	rufen; schreien	A12
Hángzhōu	杭州	Hangzhou (Hauptstadt der Provinz Zhejiang)	20
hǎo	好	gut	4
(xǐ)hǎo	(洗)好	fertig (gewaschen) sein	9
hǎochī	好吃	gut schmecken; köstlich	18
hǎohàn	好汉	guter Kerl	15
hǎohāor	好好儿	gründlich	17
hǎojiǔ	好久	lange; lange Zeit	20
hǎokàn	好看	hübsch	10
hǎotiānr	好天儿	gutes Wetter	11
hǎoxiàng	好像	scheinen; gleich wie	14

hǎowánr	好玩儿	interessant; unterhaltsam	11
hǎozǒu	好走	sich gut laufen lassen	15
hào	号	Nummer; Platz; Tag	2,22
hē	喝	trinken	1
hē	嗬	Oh	23
hé	和	und	4
hé…chàbùduō	和…差不多	fast gleich wie…	13
héshì	合适	passend; angebracht	10
hēi	黑	schwarz	9
hēi	嘿	ha; aha	A1
hěn	很	sehr	1
hóng	红	rot	8
hóngshāo	红烧	etw. in Sojasoße kochen oder schmoren	A8
hóngzǎo	红枣	chinesische Dattel	18
hòu	后	hinter; hinten	A1
hòulái	后来	später; dann	19
hòutiān	后天	übermorgen	23
hòujīshì	候机室	Wartesaal (des Flughafens)	24
hú	壶	Weinkanne	A5
húpí	狐皮	Fuchspelz	10
huā	花	Blume	19
huāchá	花茶	Jasmintee	19
huāpíng	花瓶	Vase	23
huá lóngchuán	划龙船	Drachenbootwettbewerb	A7
huà	话	Wort	A10
huà	画	malen; zeichnen	A5

huà shé tiān zú	画蛇添足	eine Schlange malen und Füsse hinzuzeichnen (Redewendung für etw. Überflüssiges tun)	A5
huà wán	画完	fertig malen	A5
huàn (chē)	换(车)	umsteigen	7
huànchéng	换成	etw. in etw. umtauschen; gegen etw. wechseln; umwechseln	10
huàn (qián)	换(钱)	(Geld) wechseln	3
huānqìng	欢庆	feiern	A3
huānyíng	欢迎	begrüßen; willkommen heißen	9
huánghuáng bùān	惶惶不安	bestürzt und ängstlich; besorgt	A3
huīfù	恢复	wiederherstellen	
(huīfù jiànkāng	恢复健康	wieder gesund werden)	17
huí	回	(Zählwort für Ereignisse)	21
huídá	回答	antworten	A9
huílai	回来	zurückkommen	5
huítóu	回头	sich umdrehen	A3
huì	会	können; mögen; möglich sein	1,24
Huìshān	惠山	Huishan	23
huódòng	活动	Veranstaltung; Tätigkeit	18
huǒduī	火堆	Feuer	A3
huǒguāng	火光	Feuerschein	A3
huǒtuǐ	火腿	Schinken	18
huòzhě	或者	oder	7
hūrán	忽然	plötzlich; auf einmal	A4
hùxiāng	互相	einander	14
hùzhào	护照	Paß	24

J

jī	鸡	Huhn	A3
jīchǎng	机场	Flughafen	23
jīdàntāng	鸡蛋汤	Eiersuppe	4
jì (xìn)	寄(信)	(Brief) schicken	6
jí	极	außerordentlich	4
jíxìngzi	急性子	ungeduldiger Typ	24
jǐ	几	wieviel; einige	2
jìniàn	纪念	Andenken	23
jìniànpǐn	纪念品	Souvenir; Erinnerungsstück	20
jìniàn yóupiào	纪念邮票	Gedenkmarke	6
jìsì	祭祀	opfern	A7
jì … yòu …	既…又…	sowohl … als auch	19
jiā	家	Familie, Zuhause	11
jiājiā	家家	jeder Haushalt; alle Familien	48
jiājiā hùhù	家家户户	jeder Haushalt; alle Familien	A3
jiātíng jiàoshī	家庭教师	Privatlehrer	A12
jiāxiāng	家乡	Heimat; Heimatort	13
jiǎ	甲	Herr A	A2
jiǎyá	假牙	Zahnprothese; künstlicher Zahn	A4
jiǎnchá	检查	untersuchen	17
jiàn	见	sehen	17
jiàn	件	Stück (Zählwort)	10
jiànkāng	健康	Gesundheit; gesund	12
jiāng	江	Fluß	A7

jiāngmǐ	江米	Klebreis	18
jiǎo (máo)	角(毛)	Jiao (=zehn Pfennig)	3
jiāo(qián)	交(钱)	(Geld) aushändigen; zahlen	9
jiǎo	脚	Fuß	A4
jiǎozi	饺子	chinesische Ravioli	4
jiào	叫	heißen	1
jiémù	节目	Programm; Vorführung	10
jiémùdān	节目单	Programmheft	22
jiéguǒ	结果	schließlich; zum Schluß	A12
jiéhūn	结婚	heiraten; sich verheiraten	A11
jiérì	节日	Fest, Festtag	14
jiérì yúkuài	节日愉快	fröhliches Fest	12
jiějué	解决	lösen; in Ordnung bringen	A9
jiěkě	解渴	den Durst stillen, löschen	19
jīn	斤	Pfund	23
jīntiān	今天	heute	5
jǐn	紧	(Zeit) knapp; kurz	20
jìn	近	nah	7
jìnlai	进来	herein (kommen)(Richtungsverb)	18
jìnqu	进去	Hinein (gehen)(Richtungsverb)	18
jīngcháng	经常	häufig; öfter	13
jīngguò	经过	durchfahren	20
jīngjù	京剧	Pekingoper	22
jǐngtàilán	景泰兰	Cloisonné	23
jiǔ	九(9)	neun	3
jiǔ	久	lange	15
jiǔ	酒	Schnaps; Spirituosen	4
jiù	就	dann; gleich	7

jiù shì shuō	就是说	das heißt; das bedeutet	15
júzi	桔子	Mandarine	8
jù	句	Satz	A10
Jué de zěnmeyàng?	觉得怎么样?	Wie fühlen sie sich?	A9
juédìng	决定	sich entscheiden; beschließen	A11

K

kāfēi	咖啡	Kaffee	1
kāi	开	abhalten; durchführen; veranstalten	A11
kāichē	开车	fahren; ein Fahrzeug lenken	23
kāimén	开门	Tür öffnen	A11
kāishǐ	开始	beginnen, anfangen	12
kāiyǎn	开演	Beginn (einer Vorstellung, Filmvorführung usw.)	22
kǎn	砍	hacken	A1
kàn	看	sehen; besuchen	3
kàn bào	看报	Zeitung lesen	3
kànbìng	看病	zum Arzt gehen; einen Arzt aufsuchen	17
kànjiàn	看见	sehen	20
kànshangqu	看上去	aussehen	A1
kǎoyā	烤鸭	Bratente	A10
Kēlóng	科隆	Köln	6
késou	咳嗽	husten	17
kě	可	sehr	14

kěbúshì	可不是	eben; genau; aber ja	13,24
kěkǒu kělè	可口可乐	Coca Cola	4
kěnéng	可能	können; wahrscheinlich; vielleicht	13
kěshì	可是	aber	A6
kěxī	可惜	schade; leider; bedauerlich	20
kěyi	可以	höflich	3
(yí) kè	(一)刻	(ein) Viertel (Stunde)	5
kèqi	客气	höflich	12
kèren	客人	Gast	A6
kǒushuǐ	口水	Speichel	18
kūsàngzhe liǎn	哭丧着脸	ein langes Gesicht machend; sauer dreinschauend	A6
kuākǒu	夸口	prahlen	A1
kuài	块	Yuan; Stück	3
kuài	快	bald; gleich; fast	14
kuàile	快乐	fröhlich	16
kùzi	裤子	Hose	9

L

là	辣	scharf	4
làzi ròudīng	辣子肉丁	Gebratene Fleischwürfel mit Paprikaschoten	4
lái	来	kommen; kaufen	8
láihuí	来回	Hin-und Rückweg; hin und zurück	15
láilì	来历	Herkunft; Ursprung	A3

láojià	劳驾	Tun Sie mir einen Gefallen; Seien Sie so gut; Verzeihung	5
lǎo	老	alt; stets; immer; oft	13
lǎodàye	老大爷	Großvater; alter Onkel (respektvolle Anrede für einen alten Mann)	A4
lǎogǔdǒng	老古董	Antiquität	23
lǎorén	老人	Alte(r); Greis	16
lǎoshī	老师	Lehrer	20
lǎotóur	老头儿	älterer Mann; Greis	16
lǎoxiōng	老兄	mein Lieber	17
le	了	(Schlußpartikel)	2
lěng	冷	kalt	13
lí	离	von etw. entfernt sein	15
líjìng	离境	ausreisen; Ausreise	24
lǐ	里	in	14
lǐbiān	里边	innen; innerhalb	18
lǐwù	礼物	Geschenk	16
lìhai	厉害	heftig; stark	17
lìshǐ	历史	Geschichte	6
liǎn	脸	Gesicht	A11
liǎnpǔ	脸谱	Gesichtsmaske	22
liángkuài	凉快	kühl	13
liáng xuèya	量血压	Blutdruck messen	17
liǎng	两	zwei	4
liàng	亮	hell	21
línjū	邻居	Nachbar	A8
líng	零(0)	Null	2
língjiǎo	菱角	Wassernuß	A7

lìng	另	andere	A8
liúchūlai	流出来	herausfließen	18
liúbù	留步	sich den Weg sparen	12
liúshén	留神	vorsichtig sein; aufpassen	A1
liù	六(6)	sechs	5
lóng	龙	Drache	A7
lóngwáng	龙王	Drachenkönig	A7
lóngzhòng	隆重	feierlich	14
lóushàng	楼上	oben (im Haus)	10
lóuxià	楼下	unten (im Haus)	A11
lǚxíng	旅行	reisen; Reise machen	5
lǚyóu	旅游	Reise	13
lù	路	Weg; Straße; (Bus) Linie	7
lǜchá	绿茶	grüner Tee	19
luàntào	乱套	alles ist aus den Fugen geraten	A10
luó	锣	Gong	A3

M

ma	吗	(Fragepartikel)	1
ma	嘛	(Finalpartikel für eine klar erkennende Aussage)	15
máfan	麻烦	belästigen; stören	7
máquè	麻雀	Sperling	A8
mǎkè	马克	D-Mark	3
mǎlù	马路	Straße	7
mǎmǎ hūhū	马马虎虎	so lala; es geht	17

mǎshàng	马上	sofort; gleich	24
mǎi	买	kaufen	6
mài	卖	verkaufen	8
mǎnyì	满意	zufrieden sein, voll befriedigt sein	A23
mànxìngzi	慢性子	geduldiger Mensch	24
mànyōuyōu de	慢悠悠的	gemächlich; langsam	A1
mànzǒu	慢走	Höflichkeitsfloskel: gut nach Hause kommen; auf Wiedersehen	12
máotái	茅台	Maotai-Schnaps	A10
máotái jiǔ	茅台酒	Maotai-Schnaps	4
méifǎr	没法儿	kein Mittel haben; da ist nichts zu machen	A11
méiguānxi	没关系	das (es) macht nichts	1
méi shénme	没什么	keine Ursache	7
méi wènti	没问题	kein Problem	9
méiyǒu	没有	nicht haben; es gibt kein	4
měi	美	schön	15
měi	每	jeder	17
měiféng	每逢	jedesmal, wenn	A7
ménkǒur	门口儿	Eingang	14
mèngjiàn	梦见	träumen	A7
mǐfàn	米饭	Reis	4
mìshū	秘书	Sekretär	1
miàntiáor	面条儿	Nudel	16
míngtiān	明天	morgen	11
míngtiān jiàn	明天见	Bis morgen	11
míngxìnpiàn	明信片	Postkarte, Ansichtskarte	15
míngshènggǔjì	名胜古迹	Sehenswürdigkeiten	15

mō	摸	betasten; hier: im Dunkeln tappen	A4
mōdào	摸到	berühren	A4
mǔqīn	母亲	Mutter	23
mùbǎn	木板	Holzbrett	A3
mùxiāng	木箱	Holzkasten	23

N

ná	拿	nehmen, halten	14
nádào	拿到	bekommen	23
nálái	拿来	hernehmen	10
náshǒucài	拿手菜	Meisterspeise	16
nǎr	哪儿	wo	2
nǎr de huà	哪儿的话	woher denn	23
nǎlǐ	哪里	Höflichkeitsfloskel: Keine Ursache! (auf Dank hin); Ach woher! Keinesfalls! (Auf Komplimente)	12
nǎtiān	哪天	welcher Tag	5
nǎxiē	哪些	welche	20
nà	那	jener; dann; nun	5,9
nàr	那儿	dort	6
nàbiān	那边	dort drüben	6
nà hái yòng shuō	那还用说	Das is ja selbstverständlich	15
nàme	那么	also	20

nánfāng	南方	Süden	13
(gǎnjué) nánshòu	(感觉)难受	(sich) unwohl, schlecht (fühlen)	20
ne	呢	(Finalpartikel; Schlußpartikel)	12,24
nèiróng	内容	Inhalt	A12
néng	能	können	9
nírén	泥人	Tonfigur	23
nǐ	你	du	2
nǐmen	你们	ihr	5
niánqīngrén	年轻人	ein junger Mann; Jugendliche(r)	A5
niányèfàn	年夜饭	Essen am Silvester	14
nín	您	Sie	1
nínmen	您们	Sie	3
nóng	浓	stark	19
nónglì	农历	Mondkalender	18
nóngmín	农民	Bauer	A1
nòngde	弄得	bewirken, daß; schuld daran sein, daß	A3
nǚzhǔrén	女主人	Gastgeberin	A11
nuǎnhuo	暖和	warm	13

P

pá	爬	klettern	15
páshān	爬山	auf Berge klettern	11
pà	怕	fürchten	24

pái	排	Reihe	22
pánzi	盘子	Teller	21
pángbiān	旁边	an der Seite; neben; an	19
pàng	胖	dick	17
pǎo	跑	laufen; davon laufen	A3
péngyou	朋友	Freund	1
pí	皮	Leder; Pelz	10
pídàyī	皮大衣	Pelzmantel	10
píjiǔ	啤酒	Bier	4
píxiāng	皮箱	Lederkoffer	24
piányi	便宜	billig	8
(xì)piào	(戏)票	Theaterkarte	22
piàoliang	漂亮	schön	23
píng	瓶	Flasche	4
píngguǒ	苹果	Apfel	21
píngshí	平时	alltäglich; gewöhnlich; sonst	19
pútao	葡萄	Traube	21

Q

qī	七(7)	sieben	3
qīzi	妻子	Frau; Ehefrau	1
qí	骑	fahren; reiten	11
qǐfēi	起飞	abfliegen	24
qì	气	ärgern; erzürnen	A6
qìchē	汽车	Auto; Kraftfahrzeug	15
qìchēzhàn	汽车站	Haltestelle	7

qìshuǐ	汽水	Limonade; Brause	19
qiān	千	tausend	3
qián	钱	Geld; Währung	3
qiánbiānr	前边儿	vorne	19
(yánsè) qiǎn	(颜色)浅	(Farbe) hell	10
qiāo	敲	schlagen	A3
qiāomén	敲门	an die Tür klopfen	A11
qiáoqiān zhīxǐ	乔迁之喜	Alles Gute zum Umzug	A11
qīngcài	青菜	grünes Gemüse	A12
qīngxiāng	清香	erfrischend; wohl riechend	19
qīngzǎo	清早	am frühen Morgen; früh morgens	A3
qǐng	请	bitten; einladen	1,17
(pìn)qǐng	(聘)请	engagieren	A12
qǐngkè	请客	Gäste einladen	A6
qǐngwèn	请问	Gestatten Sie eine Frage	2
qiūjì	秋季	Herbst	21
qiūtiān	秋天	Herbst	13
qǔ	取	abholen	9
qǔyīdān	取衣单	Wäscheabholquittung	9
qù	去	gehen	3
qùnián	去年	letztes Jahr	13
quán	全	ganz	12

R

ràng	让	lassen	16
rè	热	heiß	13

rènao	热闹	belebt	14
rèqíng	热情	herzlich	12
rénjiā	人家	Familie; anderer; die Leute	14
rénmen	人们	man	15
rénmín	人民	Volk	A7
Rénmínbì	人民币	die chinesische Währung	3
rènshi	认识	kennenlernen; kennen	1
rì	日	Tag	5
rìqī	日期	Datum	5
róngyì	容易	leicht; einfach	15
ròu	肉	Fleisch	18
rúguǒ	如果	falls; wenn	11
rùshén	入神	von etw. hingerissen; in etw. vertieft sein	A4
Ruìshìrén	瑞士人	Schweizer	1

S

sàilóngchuán	赛龙船	Drachenbootwettbewerb	18
sān	三(3)	drei	2
Sānchàkǒu	“三岔口”	Das Wirthaus am Scheideweg	22
Sānxiá	三峡	Drei Schluchten	20
sāorǎo	骚扰	stören; belästigen	A3
shā	杀	töten; schlachten	A3
shān	山	Berg	11
shāngdiàn	商店	Laden	10
shǎngyuè	赏月	zum Vollmond aufschauen	21

shàng	上	besteigen; steigen; hinaufgehen; oben	11, 15, 23
Shànghǎi	上海	Shanghai (Großstadt in Ostchina)	20
shànglai	上来	herauf (kommen) (Richtungsverb)	18
shàngqu	上去	hinauf (gehen) (Richtungsverb)	18
shàngwǔ	上午	Vormittag	5
shāo	烧	brennen	A3
shāoděng	稍等	einen Moment warten	2
Sháoyuán	勺园	Shaoyuan-Gebäude	2
shǎo	少	wenig	A6
shé	蛇	Schlange	A5
shēn	身	Körper	A1
(yánsè) shēn	(颜色)深	(Farbe) dunkel	10
shēntǐ	身体	Körper; Gesundheit	6
shénme	什么	was	3
shénmede	什么的	und so weiter; und anderes mehr	22
shēngqì	生气	zornig werden; böse sein	A9
shēngrì	生日	Geburtstag	16
shèngdànjié	圣诞节	Weihnachten	24
shènglì	胜利	Sieg	A3
shèngxià	剩下	übriggeblieben sein	A6
shīrén	诗人	Dichter	A7
shí	十(10)	zehn	3
shídài	时代	Zeit; Zeitalter	A3
Shídù	十渡	Shidu (Ausflugsziel im Süden von Beijing)	15
shíhou	时候	Zeit	

(shénme shíhou	什么时候	wann)	5
shíjiān	时间	Zeit	5
shípǐn	食品	Eßwaren; Lebensmittel	8
Shísānlíng	十三陵	die Ming-Gräber	15
shíwǔ	十五(15)	fünfzehn	5
shíyī	十一(11)	elf	5
shì	是	sein	1
shì	试	anprobieren	10
shì	事	Sache	
(zěnme huíshì	怎么回事	Was ist los? Was ist für eine Sache?)	21
shìbiǎo	试表	Temperatur messen; Fieber messen	17
shìbúshì	是不是	ist es so, daß···	20
shìnèi	市内	Innenstadt	15
shìqing	事情	Sache; Angelegenheit; Ereignis	A2
shìshi	试试	versuchen	A10
shìxiān	事先	vorher; zuvor	A12
shōushi	收拾	etw. in Ordnung bringen; ordnen	23
shǒu	手	Hand	14
shǒuxù	手续	Formalität	23
shǒuyè	守夜	Nachtwache halten	A3
shòu	瘦	eng	10
shòuxīng	寿星	Gott der Langlebigkeit	16
shū	书	Buch	A9
shuí	谁	wer	2
shuǐ	水	Wasser	15
shuǐguǒ	水果	Obst	23
shuǐyāndài	水烟袋	Wasserpfeife	23
shuǐzú	水族	Wassertiere	A7

shuìjiào	睡觉	schlafen	A11
shuō	说	sprechen; sagen	12
shuōcuò	说错	versprechen	A10
shuōhǎo	说好	abmachen; vereinbaren	A12
shuōhuà	说话	sprechen; reden; sich unterhalten	23
shuō (xiàngsheng)	说(相声)	(komischen Dialog) vorführen	A10
sǐshén	死神	Todesengel	A9
sì	四(4)	vier	2
sòng	送	bringen	23
sònggěi	送给	schenken	16
Sūzhōu	苏州	Suzhou (Venedig im Osten)	20
suān	酸	sauer	8
suǒyǐ	所以	deshalb	21
suǒyǒu	所有	alle	23

T

tā	她	sie	1
tā	他	er	2
tā	它	es	19
tāmen	它们	sie	A7
tài	太	zu	8
tán	谈	sprechen	13
tánlùn	谈论	über etw. sprechen	A2
táng	糖	Zucker; Bonbon	11
tángcùyú	糖醋鱼	Fisch in süßsaurer Soße	4

tángkuàir	糖块儿	Bonbon	A4
tào	套	Satz	6
tèbié	特别	speziell, besonders	19
tì	替	für; in jmds. Namen; ersetzen	17
tiān	添	hinzufügen; ergänzen	A5
tiān	天	Wetter	20
tiānqì	天气	Wetter	13
tiānr	天儿	Wetter	19
tiántáng	天堂	Paradies himmel, Hölle diyu	20
tián	填	ausfüllen	3
tián	甜	süß	8
tiánhǎo	填好	gut ausfüllen; fertig ausfüllen	10
tiáo	条	Stück (Zählwort für Hose, Halstuch u. a.)	10
tiàowǔ	跳舞	tanzen	A
tiē	贴	kleben	6
tiē(yóupiào)	贴(邮票)	frankieren	6
tīng	听	hören	A6
tīngbùdǒng	听不懂	nicht verstehen	22
tīngdǒng	听懂	verstehen	22
tīngshuō	听说	etw. sagen hören; etw. vom Hörensagen wissen	13
tōngxiāo	通宵	die ganze Nacht	A3
tóngyì	同意	einverstanden sein; zustimmen	A5
tóudào	投到	einwerfen	A7
tóujiāng	投江	sich in einen Fluß stürzen	A7
tūrán	突然	plötzlich	A1
tǔdòu	土豆	Kartoffel	8

tuányuán	团圆	Zusammensein; Zusammenkommen; Familientreffen	21
tuányuánfàn	团圆饭	Essen beim Familientreffen	14
tuányuánjié	团圆节	Fest des Familientreffens	21
tuōyùn	托运	etw. zur Beförderung aufgeben; etw. abtransportieren lassen	23

W

wàidì	外地	auswärts; andere Landesteile	20
wàiguórén	外国人	Ausländer	A9
wàiyǔ	外语	Fremdsprache	A9
wán	完	fertig	14
wán(r)	玩(儿)	spielen; sich amüsieren	12
wǎn	晚	spät	12
wǎnshang	晚上	Abend	12
wǎnhuì	晚会	Abendveranstaltung	12
wángfǔjǐng	王府井	Wangfujing-Straße	7
wǎng	往	nach	6
wàng	忘	vergessen	9
wéibó	围脖	Schal	10
wěidà	伟大	groß	A7
wèi	位	(Zählwort für Person)	A1
wèi	喂	hallo	2
wèi	为	für	12
wèidào	味道	Geschmack	4
wèile	为了	für; um…zu…	A7

wèishénme	为什么	warum	11
wèn	问	fragen (nach)	7
wènhòu	问候	grüßen	17
wèntí	问题	Frage; Problem	A9
wǒ	我	ich	1
wǒmen	我们	wir	3
wūzi	屋子	Raum; Zimmer	23
wǔ	五(5)	fünf	3
wǔfàn	午饭	Mittagessen	11
Wǔhàn	武汉	Wuhan (Hauptstadt der Provinz Hubei)	20
wǔ lóngdēng	舞龙灯	Drachenlaterne spielen	14
wúguǐ diànchē	无轨电车	Trolleybus	7
wǔyuè chūwǔ	五月初五	der fünfte Tag des fünften Monats	18

X

Xī'ān	西安	Xi'an (Hauptstadt der Provinz Shaanxi)	20
xīfú	西服	Anzug	9
xīguāduī	西瓜堆	ein Haufen Melonen	A1
xīhóngshì	西红柿	Tomate	8
xíguàn	习惯	Gebräuche; Gewohnheit; sich an etw; gewöhnen; gewohnt sein	13
xǐ	洗	waschen	9
xǐdiào	洗掉	abwaschen	9
xǐhuan	喜欢	mögen; etw; gern haben	6

xǐyīdiàn	洗衣店	Reinigung; Wäscherei	9
xì	戏	Oper; Opernstück	22
xiā	虾	Krabbe	A7
xià	下	nächst; hinabsteigen; hintergehen; absteigen	9,15
xià	吓	erschrecken; schrecken; einschüchtern	A3
xiàchē	下车	aussteigen	7
xiàlai	下来	hinunterkommen; herabsteigen; heruntcr (kommen) (Richtungsverb)	15,18
xiàqu	下去	hinunter (gehen) (Richtungsverb)	18
xiàtiān	夏天	Sommer	13
xiàwǔ	下午	Nachmittag	5
xiàxuě	下雪	schneien	13
xiàyǔ	下雨	regnen	11
xiān	先	zuerst	7
xiānsheng	先生	Herr	2
xián	咸	salzig	18
xiànr	馅儿	Füllung	18
xiànzài	现在	jetzt	5
xiāng	香	duftend; wohlriechend	19
xiāngjiāo	香蕉	Banane	8
xiāngshān	香山	Duftender Berg (Park)	11
xiāngwèir	香味	Duft	19
xiǎng	想	wollen; möchten	3
xiǎngshēng	响声	Geräusch	A3
xiàng	象	ähnlich sein; gleichen	A1

xiàng	向	zu	A1
xiàngsheng	相声	komischer Dialog	A10
xiàngzhēng	象征	Symbol; symbolisieren	21
xiǎo	小	klein	8
Xiǎo Guìlín	小桂林	Klein-Guilin	16
xiǎoshí	小时	Stunde	5
xiǎoxīn	小心	achtgeben; vorsichtig sein	A1
xiàoróng	笑容	lächelndes Gesicht; heitere Miene	A11
xiē	些	einige; viele (Zählwort für unbestimmte Menge)	A5
xiě	写	schreiben	3
xièxie	谢谢	danken	1
xīn	新	neu	6
xīnli	心里	auf dem Herzen; innerlich	A6
xīnnián	新年	Silvester; das neue Jahr	12
xīnniánhǎo	新年好	glückliches neues Jahr	12
xīnniánkuàilè	新年快乐	prosit Neujahr	12
xīnnián wǎnhuì	新年晚会	Silvesterabendveranstaltung	12
xīnshǎng	欣赏	besichtigen; bewundern	20
xīnxiān	新鲜	frisch	8
xìn	信	Brief	6
xìnfēng	信封	Briefumschlag	6
xìnzhǐ	信纸	Briefpapier	6
xīngqī	星期	Woche	5
xīngqīèr	星期二	Dienstag	A5
xīngqīliù	星期六	Samstag	A5
xīngqīrì	星期日	Sonntag	A5
xīngqīsān	星期三	Mittwoch	A5

xīngqīsì	星期四	Donnerstag	A5
xīngqīwǔ	星期五	Freitag	A5
xīngqīyī	星期一	Montag	A5
xíng	行	es geht	7
xíngli	行李	Gepäck	23
xìngfú	幸福	Glück; glücklich	A11
xìngkuī	幸亏	zum Glück; glücklicherweise	A11
xiōngměng	凶猛	wild; ungestüm	A3
xiūxi	休息	Pause machen	A5
xué	学	lernen; studieren	A9
xuésheng	学生	Student; Schüler	A9
xuéxi	学习	lernen; studieren; Studium	6
xúnzhǎo	寻找	suchen	A11

Y

yā	鸭	Ente	A12
yāhuài	压坏	zerdrücken	A1
yá	牙	Zahn	17
yáchuáng	牙床	Zahnfleisch	17
yánjiū	研究	forschen; studieren	
yǒuyánjiū	有研究	etw. gut kennen	19
yánsè	颜色	Farbe	9
yǎn (diànyǐng)	演(电影)	(einen Film) zeigen od. vorführen	A4
yáng	羊	Schaf	A3
yàngr	样儿	Form; Schnitt	
shénmeyàngr	什么样儿	was für ein…	10

yàngzi	样子	Form, Äußere	A7
yào	药	Medizin; Arznei; Medikament	A7
yàoshi	要是	wenn; falls	A1
yě	也	auch	1
yěshòu	野兽	wildes Tier; Bestie	A3
yè	夜	Nacht	A3
yèwǎn	夜晚	Abend	21
yèzi	叶子	Blatt	11
yī(yí, yì, yāo)	一(1)	eins	2,3
yīfu	衣服	Kleidung; Wäsche	9
yīhuìr	一会儿	einen Moment	2
yīshang	衣裳	Kleidung	10
yīyuàn	医院	Krankenhaus	17
yídìng	一定	bestimmt; unbedingt	15
yígòng	一共	insgesamt	6
yíhàn	遗憾	bedauern; jmdm. leid tun	20
yǐjīng	已经	schon; bereits	16
yílùshang	一路(上)	(auf dem) Weg	20
yíqiè	一切	alles	A9
yíxià	一下	einmal; kurz	2
yíyàng	一样	genauso; ebenfalls; gleich (wie)	15
yǐ	乙	Herr B	A2
yǐhòu	以后	nachher; später; nach	5
yǐqián	以前	früher	17
yǐwéi	以为	meinen; denken; glauben	A1
yìdiǎnr	一点儿	ein bißchen	10
yìjiāren	一家人	die ganze Familie	14

yìlián	一连	hintereinander; nacheinander; einer nach dem anderen	A8
yìqǐ	一起	zusammen	3
yìsi	意思	Bedeutung	16
yìxiē	一些	eine Anzahl von; einige; etliche	A6
yìzhí(zǒu)	一直(走)	geradeaus (gehen)	7
yīncǐ	因此	deshalb; darum	A3
yínháng	银行	Bank	3
yīnggāi	应该	sollen; müssen	17
yīngwén	英文	Englisch	3
yòng	用	mit	3
yóu	油	Fettfleck	9
yóulǎn	游览	besichtigen; besuchen	15
yóujú	邮局	Post	6
yǒu	有	haben; es gibt	4
yǒude	有的	manche; einige	18
yǒudiǎnr	有点儿	ein bißchen (meist bei Unangenehmem)	10
yǒukòngr	有空儿	wenn du Zeit hast	17
yǒulǐ	有理	recht haben; im Recht sein; berechtigt	A12
yǒuqù	有趣	interessant; lustig	16
yǒuyì	友谊	Freundschaft	7
Yǒuyì Bīnguǎn	友谊宾馆	Freundschaftshotel	7
Yǒuyì Shāngdiàn	友谊商店	Freundschaftsladen	10
yǒuyìsi	有意思	Interessant, amüsant; vergnüglich sein	14

yǒuyìtiān	有一天	eines Tages	A4
yòu	又	dann; wieder; doch	20
yòu… yòu…	又…又…	sowohl…als auch	8
yú	鱼	Fisch	A7
yúkuài	愉快	fröhlich; froh	12
yúshì	于是	dann; deshalb; daher	A6
yù	遇	begegnen	17
yùshang	遇上	begegnen	24
yuán	元	Yuan	3
yuán	圆	rund	21
yuánliàng	原谅	entschuldigen; verzeihen	12
yuǎn	远	weit	7
yuè	月	Monat	5
yuèbing	月饼	Mondkuchen	21
yuè lái yuè…	越来越…	immer mehr (besser…)	19
yuè… yuè…	越…越…	je…, desto…	19

Z

zǎi	宰	schlachten	A3
zài	再	wieder; noch; dann	2
zài	在	in; auf; an	6
zàijiàn	再见	auf Wiedersehen	3
zàilái	再来	von neuem anfangen	A10
zánmen	咱们	wir	19
zāng	脏	schmutzig	9
zǎo	早	früh	11

zǎonír	枣泥儿	Dattelpaste	18
zǎorì	早日	bald	17
zǎoshang	早上	Morgen; morgens; früh	11
zěnme	怎么	wie	7
zěnmebàn	怎么办	Was tun?	22
zěnmeyàng	怎么样	wie	4
zhān	粘	kleben	A4
zhàn	站	stehen	23
zhànxiàn	占线	besetzt sein	2
zhànguó	战国	die Streitenden Reiche (475—221v. Chr.)	A7
zhāng	张	Exemplar; Blatt	5
zhàngfu	丈夫	Mann; Ehemann	1
zhāodài	招待	empfangen; Aufnahme	12
zhāojí	着急	sich aufregen; sich beunruhigen; besorgt sein	24
zhǎo	找	suchen	2
zhǎodào	找到	finden	A9
zhǎo(qián)	找(钱)	(Kleingeld) herausgeben	8
zhe	着	(Hilfspartikel)	23
zhè	这	dies	1
zhème	这么	solch	A10
zhèr	这儿	hier	6
zhèyàng	这样	so; solch	18
zhēn	真	wirklich; wahrhaftig	16
zhēnde	真的	wirklich; tatsächlich	17
zhèng	正	gerade; genau	10
zhèngfǎnhua	正反话	Wechsel von Subjekt und Objekt	A10

zhènghǎo	正好	gerade; gerade richtig	8
zhī	只	(Zählwort für einzelne Stücke von paarigen Körperteilen und Gegenständen sowie für Vögel und Tiere)	A4
zhījǐn	织绵	Brokat	23
zhǐ	只	nur	12
zhǐtiáo	纸条	Zettel	A12
zhǐtiáor	纸条儿	Papierstreifen	14
zhìbìng	治病	behandeln; kurieren	A9
zhōngbù	中部	Mitte	13
Zhōngguó	中国	China	4
zhōngguóhuà	中国话	Chinesisch	12
Zhōngguórén	中国人	Chinese	14
zhōngjiān	中间	Mitte	21
zhōngqiū	中秋	Herbstmitte	21
zhōngqiūjié	中秋节	Mondfest	21
zhōngwǔ	中午	Mittag	5
zhōngyào	中药	Chinesische Heilmittel	17
zhǒng	种	Art; Sorte	8
zhǒng	肿	geschwollen sein; anschwellen	17
zhù	住	wohnen	2
zhùchù	住处	Unterkunft; Wohnsitz	A11
zhǔrén	主人	Gastgeber	A6
zhù	祝	wünschen	12
zhùhè	祝贺	gratulieren	16
zhùyì	注意	achtgeben; sich in acht nehmen; beachten	A6
zhuāng	装	verpacken	23

zhuāngbàn	装扮	schmücken; sich verkleiden	A7
zhǔnbèi	准备	vorbereiten	A9
zhuōzi	桌子	Tisch	21
zìdiǎn	字典	Wörterbuch	A9
zìjǐ	自己	selbst; selber	A6
zìmù	字幕	Untertitel	22
zìxíngchē	自行车	Fahrrad	11
zǒngjī	总机	Telefonzentrale	2
zǒngsuàn	总算	letzten Endes; endlich	A11
zòngzi	粽子	in Bambus- oder Schilfblätter eingewickeltes Klebreisklößchen (traditioneller Imbiß zum Drachenbootfest)	18
zǒu	走	gehen	7
zúqiú	足球	Fußball	A1
zuǐ	嘴	Mund	A4
zuì	最	(Superlativ)	11
zuìhǎo(de)	最好(的)	best; erstklassig	A6
zuìhòu	最后	zum Schluß	A11
zuìjìn	最近	vor kurzem; kürzlich; letzte Zeit	17
zuótiān	昨天	gestern	5
zuò	座	(Zählwort für Berge, Bauten und ähnliches)	A1
zuò	坐	fahren (mit); Platz nehmen; sich setzen	1,7
zuò	做	machen; kochen; als	16,23
zuòchéng	做成	zu etw. machen	A7
zuòzuo	坐坐	sitzen; hier: jmdn. um seinen Besuch bitten	17

〈京〉新登字 132 号

责任编辑：张树贤　韩凤泽
封面设计：陆　萍

图书在版编目(CIP)数据

德语 24 小时：汉语初步/周克骏编著. －2 版. －北京：
今日中国出版社，1996.12
ISBN　7－5072－0261－5

Ⅰ.德…　Ⅱ.周…　Ⅲ.对外汉语教学－语言读物　Ⅳ.H195.5

中国版本图书馆 CIP 数据核字(96)第 23691 号

长城丛书
汉语初步
*
今日中国出版社出版
（中国北京百万庄路 24 号）
外文印刷厂印刷
中国国际图书贸易总公司发行
（中国北京车公庄西路 35 号）
北京邮政信箱 399 号
邮政编码：100044
1991 年第一版
1996 年第二次印刷
17－G－1844P
ISBN 7－5072－0261－5/G·29
01400